F. Stimmier

Friedrich Steinmeier

Mittagswind

Friedrich Steinmeier

Mittagswind

Vom einfachen Leben einfacher Leute

Kleine westfälische Impressionen

edition güth
im Landwirtschaftsverlag

Unseren Gefährten
von damals

1. Auflage
© 1994 by edition güth im Landwirtschaftsverlag GmbH, Postfach 48 02 49,
48079 Münster

Umschlagfoto: Friedrich Steinmeier
Gesamtherstellung: LV Druck, Münster-Hiltrup
Printed in Germany
USt-IdNr.: DE 126042224

ISBN 3-7843-2634-X

Sterne haben den Sommer bewacht
am Rand der Hügel,
wo ich gewohnt.

Peter Huchel

Woher ich stamme?
Ich stamme aus meiner Kindheit.
Ich stamme aus meiner Kindheit wie aus einem
Land.

Antoine de Saint-Exupery

Eisblumen

Es geschah zu der Zeit, als der Zimt noch Kaneel hieß. Damals waren wir noch klein. Und zu Mittag sollte es Milchreis geben, "dicken" Reis mit Kaneel. Aber der Milchmann kam spät heute.

Der Winter hatte in diesem Jahr viele Krähen geschickt, und die rote Sonne stieg aus der eisigen Januarnacht und sah kalt in den frostklaren Morgen.

Seit Tagen schon waren selbst die Fensterscheiben in der Küche fingerdick überfroren, und die grimmige Kälte malte immer neue Eisblumen auf das Glas, Ranken und Blätter in vielerlei Formen, weiß und fremdartig. Vor dem eisigen Hintergrund standen keine Blumentöpfe mehr, die hatte meine Mutter längst auf ein Wandbrett gestellt, so konnten mein Bruder und ich ungestört unsere Ellbogen auf die leere Fensterbank stützen.

Mit den Knien hockten wir auf einem Küchenstuhl und preßten unseren Atem immer wieder gegen das vereiste Glas, um ein Guckloch hineinzuhauchen. Uns wurde fast schwindelig vor Anstrengung, aber es gelang uns nur für kurze Zeit, das Eis ein wenig zum Schmelzen zu bringen. Ein kurzer Blick auf den Weg, wo ein dick vermummter Fuhrmann neben seinem Pferd einherschritt, dann malte der Winter wieder Eisblumen über unser Guckloch.

Selbst die glühenden Ringe auf dem Küchenherd kamen nicht gegen die Fensterkälte an und auch nicht die Schwaden Wasserdampf, die aus dem leise vor sich hinkochenden Kaffeekessel emporstiegen.

Dann kam der Milchmann. Schnee knirschte unter seinen Schritten, als er auf die Haustür zuging, die meine Mutter nur einen Spalt breit geöffnet hatte, um den eisigen Ostwind nicht hereinzulassen. Der alte Meier, der uns schon immer die Milch gebracht hatte, trat von einem Fuß auf den anderen und schlug die Hände zusammen, während sein Pferd, dem er eine warme Decke übergelegt hatte, geduldig vor dem kleinen Wagen wartete.

"Et es säo käold, dat oinen de Schnotten inne Niasen früß", sagte er. Dann goß er die Milch in den Meßbecher, dessen Rand von weißem Eis umkränzt war. Gefrorene Milch hatte ich noch nie gesehen.

Aber dann stand der Topf auf dem Herd, und ich wurde mit dem Kohleneimer in den Keller geschickt, damit der kleine Wagen, den man auf Rädern unter dem Küchenherd hervorziehen konnte, wieder gefüllt wurde. Die Glut der Ringe mußte erhalten bleiben an diesem kalten Januarmorgen.

Hin und wieder zischte es auf der Herdplatte, weil die Wäsche tropfte. Meine Mutter hatte sie gefroren von der Leine genommen, wie weiße Sperrholzbretter sah sie aus, und nun hing sie zum Trocknen auf den fächerförmig angeordneten Stangen, die mit einem Eisenband am Ofenrohr befestigt waren. Geruch von kochender Milch und frischer Wäsche mischte sich mit dem Duft von Kathreiners "Spitzbohnen"-Kaffee.

Vor der Tür lag schon seit Tagen eine aufgerollte Decke, da meine Mutter leicht kalte Füße bekam, aber nun hängte sie auch noch eine vor die untere Hälfte des Fensters, damit die Eisblumen ihre Kälte nicht zu sehr in die Küche hauchten.

Wir aßen unseren dicken Reis im Dämmerdunkel, Reis mit Zucker und Kaneel, und ich fühlte mich wohl in der Geborgenheit. Das Kalenderblatt an der Wand zeigte eine Schneelandschaft mit einem Brunnen, auf dem ein Rabe saß.

Ich verspürte keine Lust, nach draußen zu gehen, denn meine Spielkameraden saßen auch alle hinter dem Ofen, nur der Schneemann mit der roten Möhrennase, den wir vor Tagen gebaut hatten, stand einsam im Wintertag. Selbst die Rodelbahn war verwaist, und die Krähe auf der alten Eiche machte einen traurigen Eindruck. Sie sah aus wie ein schwarzes Stück Holz.

Der Tag verschwand früh hinter dem Horizont, und die Uhr in unserer Küche schlug in die Zeit. Butterbrote mit Klitsch (Rübenkraut) zur Vesper, und auf dem Malzkaffee schwamm Fisch (Rahm der Milch), den ich mit der Gabel herausangelte. Ich knackte noch einige Nüsse, sie waren von Weihnachten übriggeblieben, und warf die Schalen in den Kohleneimer, denn Nußschalen heizen gut.

Es war schon dunkel, als mein Vater nach Hause kam. Und es wehte kalt über die Türschwelle; er brachte den Winter mit in die Küche. Dann zog er Mantel und Schuhe aus, holte seine Puschen (Pantoffeln), die schon den ganzen Nachmittag im warmen Backofen des Herdes gestanden hatten, setzte sich in den Sessel und rieb seine durchfrorenen Hände.

Der Küchenherd war der Mittelpunkt an diesen eisigen Tagen, vor allem der Backofen. Hier wurde nicht nur das Holz getrocknet und die Puschen gewärmt, nein, hier lagen auch der Ziegelstein und die mit Sand gefüllte Steinhägerkruke, die abends frühzeitig als "Wärmflaschen" von der Mutter ins Bett gelegt wurden. Und im Backofen schmorten auch die Bratäpfel, die als "Puttäppel" süß-säuerlich vor sich hin dufteten, so daß einem das Wasser im Mund zusammenlief.

Nachdem mein Vater die Nachrichten aus dem Volksempfänger auf dem Wandbrett gehört hatte, saßen wir alle um den Küchentisch, und Mutter streute noch Zucker auf die Puttäppel. Delikatessen der kleinen Welt, die große kennt nichts Vergleichbares.

Dann mußten wir ins Bett zu den Steinhägerkruken. In der Schlafkammer war es bitterkalt, und das Eis vor dem Fenster drohte noch weißer als in der Küche.

Ich kroch tief unters Bett, und mir tat der Marder leid, der sich auf unserem kalten Dachboden nur unter die Sparren drücken konnte.

Dann kam die Winternacht über die Gärten, und der Frost benutzte unseren Atem dazu, neue Eisblumen an die Fenster zu malen.

Schneegestöber

Nachts fror das einsame Feld, und auch der Sonnenaufgang atmete noch Kälte. Die gläserne Brücke über dem Bach stand fest wie seit Tagen, und die Nebelkrähen, deren Schatten im Vorbeihuschen auf das Eis fielen, riefen noch genau so heiser.

Und doch behauptete meine Mutter, als sie vom Hühnerfüttern wieder ins Haus kam und einen Schwall Kälte mit in die Tür brachte: "De Luft wät anners, et giv Daiwiar (Tauwetter)."

Woher sie das wissen wollte, blieb mir ein Rätsel. Ich sah draußen nur die weiße Weite mit dem kalten Himmel darüber, so wie es auch gestern war und all die Tage davor. Nur die Buchen unten im Holze sahen mir ein wenig dunkler und wärmer aus, und der Wind hinter dem Hause war etwas heftiger geworden.

Doch auch der Schornsteinfeger, der sich mit Marie Feldkötter auf den Treppenstufen vor ihrem Haus unterhielt,

8

sprach von Tauwetter. Und auch die Bauern schienen den bevorstehenden Wetterumschwung zu spüren, denn überall roch es plötzlich nach Jauche, die man heute schon am frühen Morgen aufs Land gebracht hatte, damit sie mit dem schmelzenden Schnee in den Boden einziehen konnte.

Nun war der Winter in den Feldern schmutzig geworden.

Aber auch die Wäsche roch nach Jauche, und Feldkötters Marie lief schnell an die Leine, nahm hastig alles ab und brachte es ins Haus. Der Schornsteinfeger schmunzelte. Er kannte es sonst nur, daß man vor ihm die Wäsche in Sicherheit brachte, wenn sie mal auf dem Dachboden hing.

Gleich nach dem Mittagessen machte ich mich auf den Weg zu Frau Klöpper, die kurz vor der Stadt einen kleinen Laden hatte, Kurzwaren und Schulbedarf. Bei ihr kaufte ich manchmal Buntstifte und die Sägeblätter für meine Laubsäge. Es waren einige zerbrochen in diesem langen Winter.

Als ich die ersten Häuser an der Straße erreicht hatte, fing der Himmel an, sich grau zu beziehen. Das Klingeln des Pferdeschlittens, der mich überholte, klang ungewohnt weich. Ein heftiger Wind setzte plötzlich ein, und dann fing es an zu schneien. Die Welt verwandelte sich in einen weißen Wirbel, der mir bis in die Ladentür folgte.

"Mein Gott, was ist das für ein Schneegestöber", sagte Frau Klöpper. Dann gab sie mir aus einer kleinen Schublade die Sägeblätter.

Als ich mich wieder auf den Heimweg machen wollte, schneite es so stark, daß sich schon am Straßengraben und an der Bürgersteigkante kleine Schneewehen gebildet hatten, und der Wind wirbelte Frau Holles Pracht so durcheinander, daß man kaum die Hand vor den Augen sehen konnte.

Auf dem Weg durch den "Kämpen" konnte man keine Spur mehr erkennen, und ich marschierte in der Einsamkeit des Schnees. Meine eigenen Fußstapfen verwehte der Wind hinter mir, so daß mein Wandern verborgen geblieben wäre, hätten nicht überall längs meines Weges die "Klösken", die

Schneeklumpen gelegen, die ich mir immer wieder von den Holzschuhen schlagen mußte.

Ja, es gab doch wohl Tauwetter. Der Schnee war weich und naß und klebte unter den Füßen, packte immer mehr zusammen und bildete regelrechte Türme unter den Holzschuhen, auf denen man schwankte wie ein Stelzenläufer. Ich mußte die Klumpen immer wieder abschlagen, wollte ich nicht Gefahr laufen, mir die Knöchel zu brechen.

In dem weißen Wirbel kam mir ein Mann entgegen, der einen Sack Kohlen auf seinen Schlitten gebunden hatte. Er rief mir im Vorübergehen zu: "Junge, bui düssen Wiar mosse keine Holsken antoihn!" Dann war er schon wieder verschwunden, vom Schnee verschluckt.

Plötzlich legte sich der Wind, und unmittelbar darauf hörte es auf zu schneien. Es kam völlig überraschend, und ich stand auf einmal in einer unwirklichen weißen Helle. Alle Spuren waren verweht. Weiß und unbeschrieben lag der Schnee, nur die Weidezäune zeichneten Striche, und die dunklen Pfähle sahen ein wenig drohend aus.

Stille.

Unten bei den Weiden rief eine Krähe, hob sich und flog dem Holze zu. Ein Hase schrieb hoppelnd neue Fährten in das Weiß.

Tauwetter.

Von den Leitungsdrähten tropfte es, als ich den Weg zu unserem Haus hinaufging. Im Graben stapften Kinder umher und freuten sich, daß sie so tief in den weichen Packschnee sanken; sicherlich hatten sie klitschnasse Füße.

Wir aber bauten uns eine Schneeburg. Zwei oder drei Kugeln genügen für einen Schneemann, für eine Burg aber braucht man viele; das schafft man nur bei Pappschnee.

So rollten wir immer neue Bälle, bauten sie zu ringförmigen Burgmauern auf und schwitzten in dem allmählich immer wärmer werdenden Tauwind.

Dann flogen die Schneebälle. Die Burg wurde mit Geschossen

angegriffen und natürlich auch verteidigt. Schnee und Nässe. Gegen Abend setzte der Wind wieder ein. Da wurden wir ins Haus gerufen. Beim Abendbrot hörten wir, wie der Wind in den Bäumen orgelte, der Schnee vom Dach rutschte und klatschend vor unserem Fenster in den Garten fiel.

Über dem Herd aber hingen die nassen Socken, und von Zeit zu Zeit zischte es. Dann war ein Wassertropfen auf die heiße Platte gefallen. Meine Mutter aber, die keinen Schnee leiden mochte, war in aufgeräumter Stimmung und sagte: "Wenn's Lichtmeß stürmt und schneit, ist der Frühling nicht mehr weit." Und auf den Frühling wartete sie sehnsüchtig, was uns nun wirklich völlig unverständlich war.

Nachts aber lauschten wir auf den Wind, wie er in den Bäumen im Garten und im Schornstein heulte.

Auf dem Dachboden

Ich hörte den Schneewind auch auf dem Dachboden, und manchmal knackte das Gebälk beängstigend unter der weißen Last.

Als ich am nächsten Morgen dem Schornsteinfeger folgte und hinter ihm die Holztreppe hinaufgestiegen war, sah ich auf dem Boden hier und da kleine Häufchen von Flugschnee liegen, den der Wind durch die Ritzen der Dachpfannen geweht hatte, überall dort, wo sie nicht mehr gut verstrichen waren.

Durch die schmalen Spalten tanzten an hellen Tagen die Sonnenstrahlen, und nachts, wenn der Marder an den Sparren hinunterrasselte, fiel der Mondschein hindurch und zeichnete helle Striche in die Dunkelheit.

Dort aber, wo die beiden Glaspfannen eingebaut waren, konnte man mehr sehen, und durch das gegenüberliegende kleine Dachfenster schaute an diesem Morgen sogar der graue Himmel hinein. Der Schnee auf den Glasscheiben war schon wieder geschmolzen. Draußen hörte man es überall tropfen, und an dem leisen Gluckern in der Dachrinne merkte ich, daß nach dem Schneesturm nun wirklich Tauwetter eingesetzt hatte.

Das Fenster war zu hoch angebracht, als daß ich hätte hinausschauen können. Aber an Sommertagen stand es manchmal offen, dann stellte ich eine Kiste darunter, stieg hinauf, so daß ich gerade das Kinn auf die untere Kante legen konnte, und sah weit über die gelben Roggenfelder.

Nun aber wurde die Schornsteinklappe geöffnet, und ich hörte, wie der Besen mit der eisernen Kugel im Kamin hinabsauste.

Unsere Katze schlich um mich herum, drückte sich an mein Bein und miaute leise und wohlgefällig. In der Luft lag der scharfe Geruch, der von der Räucherkammer herüberdrang, vom beißenden Qualm des glimmenden Buchenholzmehles, von Würsten und Speckseiten.

Eigentlich wartete ich darauf, daß der Schornsteinfeger den Dachboden wieder verließ, denn ich wollte noch ungestört ein bißchen herumstöbern.

In einer Ecke war das Stroh für den Schweinestall aufgestapelt. Bohnenstangen und Erbsenbraken lagen unter der Schräge, und an einigen Dachlatten hingen Sangen (Büschel) getrockneter Krüper (Buschbohnen), Kamille gegen Entzündungen und Wamken (Wermut) für den verdorbenen Magen.

Die alte Uhr an der Giebelwand, vor der ich schon so oft staunend gestanden hatte. Das Blatt mit den römischen Ziffern war von aufgemalten roten Rosen überrankt, die Zeiger fehlten zwar, aber dafür waren die Gewichte an den Ketten und der Perpendikel um so kunstvoller gestaltet.

Heute aber galt meine besondere Aufmerksamkeit dem Pappkarton im Hahnenholt (oberster Raum unter dem First), zu dem eine kleine Leiter hinaufführte. Vorsichtig stieg ich die Sprossen empor, unter der Leine hindurch, auf die meine Mutter an Regentagen manchmal die Wäsche hängte.

Alte Postkarten lagen im Karton, darunter eine Weihnachtskarte mit Glimmerschnee und rotem Licht hinter den Fenstern, aber auch eine Feldpostkarte von 1914. Sie trug einen Stempel:

Infanterie-Regiment 55
2. Bataillon - 3. Kompanie

Ein Lehrer Schlattmann hatte die Karte an meine Mutter geschrieben, die wohl seine Schülerin gewesen war und ihm aus der Schule einen Ostergruß geschickt hatte, für den der Soldat sich nun bedankte.

Viele Fotos aus alter Zeit. Menschen, deren Gesichter ich schon gesehen zu haben glaubte. Scherenschnitte mit Gartentor und Rosenranken; und immer wieder der Krieg.

Ein Granatsplitter, auf den jemand mit spitzem Pinsel und weißer Farbe gemalt hatte: Erinnerung an die Vimy-Höhe. Aber auch das ferne Rußland war in dem Pappkarton vertreten, ein Trommelrevolver mit kyrillischen Schriftzeichen. Immer wieder zog ich den Hahn durch, aber die Zündnadel schlug jedesmal ins Leere.

Dann fand ich noch ein Foto, das ich mir näher ansehen mußte. Es zeigte im Hintergrund zerschossene Gebäude, vorn aber war ein Tisch aufgebaut, auf dem eine Petroleumlampe stand, und um den herum sieben Soldaten saßen. Sie hatten alle einen Karabiner in der Hand, lachten aber und schienen im Moment wohl wenig an den Krieg zu denken. Einer trug sogar einen kleinen Terrier auf dem Schoß. Hinter dem Tisch stand ein Holzrahmen, an dem ein gutes Dutzend an den Schwänzen hochgebundene Ratten hingen. Vor dem Tisch aber war auf einem Schild zu lesen:

Reiche Beute
Westfälische Jungens
auf Jagd in Feindesland 1916
I.R. 57

Der Soldat mit dem Terrier aber war mein Vater, das konnte ich genau erkennen, obwohl er um so vieles jünger aussah.

Die Karte nahm ich mit von meinem Ausflug in die Vergangenheit und hielt sie sorgsam fest, als ich die Leiter wieder hinabstieg. Mein Vater würde sicherlich verwundert sein, wenn ich sie ihm zeigte. Ob er sich wohl noch an die Rattenjagd erinnern konnte?

Bevor ich aber die knarrende Treppe wieder hinunterging, schaute ich noch durch die Bodenluke. Es wurde mir zwar immer von den Eltern verboten, aber die Versuchung war jedesmal groß, wenn ich vorbeikam.

Die kleine Tür diente. eigentlich dazu, Stroh für das Schwein vom Dachboden zu werfen oder Fitzebohnenstangen hinaufzureichen. Für mich aber war es eine herrliche Aussichtsplattform.

Vorsichtig schob ich den Riegel zurück, und schon flutete das schneeige Tageslicht herein. Da lag die weiße Welt vor mir, bis zu den Bergen in der Ferne konnte ich schauen.

Und überall roch es nach Tauwetter.

Am schnellen Graben

Draußen war es noch kalt. aber die Sonne wärmte schon, wenn sie mittags ins Küchenfenster schien und die Florfliege aus ihrem Winterversteck lockte. Da hockte das zarte, grünlich überhauchte Insekt nun an der Fensterscheibe und wußte wohl noch nichts Rechtes mit sich anzufangen.

Von der Dachrinne tropfte es, und nur in besonders tiefen Gräben, die von der tiefstehenden Sonne nicht erreicht wurden, lagen noch schmuddelige Schneereste.

Bei Karl Steinkamp im Garten blühte schon die Kornelkirsche, und oben am Waldrand stäubten die Haselsträucher.

Meiner Mutter aber war es noch zu kalt. Wenn wir beim

14

Hinauslaufen die Küchentür einen Spalt offenstehen ließen, rief sie ärgerlich hinter uns her: "Makt de Duier teo, ick häbbe käole Foide!"

Doch wir waren längst draußen.

Uns zog es nun hinunter an den schnellen Graben, wie jedes Jahr um diese Zeit, denn wir hatten einen Laut vernommen, vertraut und doch ungewohnt seit langem: Schmelzwasser im Graben, Plätschern und Glucksen unter den Weiden, die im Sunderkamp die Wiesen säumten.

Nun ist Wasser nicht nur Wasser.

Im Frühjahr strömt es anders dahin als sonst im Jahr, es scheint heller, fließt klarer, gluckert verlockender und rauscht schneller über die ersten zarten Pflanzen auf seinem Grunde, die wie grüne Haare in Stromrichtung zerfließen. Man kann gar nicht anders, man muß Schiffe schwimmen lassen!

Die Mädchen hatten weiße, kunstvoll aus Papier gefaltet. Fein und zerbrechlich sahen sie aus, blieben aber überall hängen und machten auf uns eher einen jämmerlichen Eindruck.

Nein, die geschnitzten waren viel robuster, und Kiefernrinde war das beste Material. Unsere Taschenmesser hatten wir auf den Steinstufen der Kellertreppe geschliffen, bevor wir loszogen, und nun saßen wir am glitschigen Grabenrand und versuchten, dem spröden Stoff eine elegante Form zu geben.

"Ihr dürft euch nicht auf die Erde setzen", meinten die Mädchen, "das darf man erst im Mai, in den Monaten mit "r" noch nicht."

Sie redeten genau wie unsere Eltern.

Manchmal rutschte das Messer ab, und wenn man Pech hatte, ging es auch mal in den Finger. Dann wurde kurzerhand das Taschentuch darumgebunden, auch wenn die Spuren seines häufigen Gebrauchs nicht zu übersehen waren. Trotzdem heilte die Wunde ohne Komplikationen.

Da schwammen nun die Rindenboote, tanzten und schaukelten dahin. Wir mußten schon tüchtig laufen, wollten wir mit der Strömung mithalten. In der langen Grabenröhre blieb manchmal ein Boot aus dem Konvoi stecken, so daß wir vorher Wetten abschlossen, welches Schiff nach der dunklen Durchfahrt wohl wieder auftauchen würde.

Hatte jemand eine alte Konservendose aufgetrieben, wurden wir Reeder eines Frachtschiffes. Die Dose mußte sogar beladen werden, damit sie genügend Tiefgang bekam und nicht dauernd umkippte. Das hatte aber den Nachteil, daß sie an flachen Stellen den Grund berührte und stecken blieb.

Bei den kleinen, ovalen Heringsdosen gab es dieses Problem nicht, dafür schlugen sie dauernd voll Wasser und soffen schnell ab. Grabenröhren waren mit ihnen überhaupt nicht zu befahren.

Nein, die Rindenboote waren schon das Solideste.

Manchmal bauten wir einen Staudamm. Das ging nie ohne nasse Füße ab, und wenn mal jemand von uns an der glitschigen Grabenböschung ausrutschte, hatte er meist auch einen nassen Hintern.

Der kleine Stausee aber lief nun voll Wasser. Unsere Schiffe schossen hinein, drehten sich im Kreise und landeten dann im sicheren Hafen.

Dem Bauern Nordkämper aber gefiel unser Spiel nicht. Sein Drainagerohr lag nun unter Wasser, und er rief schon zornig von weitem: "Ji kürnt dat Water doch nich trüggehäolen, muine Wisk wät jo ganz natt!"

Dann kam er mit der Forke und zerstörte das Werk unserer Wasserbaukunst.

Den Graben hinauf- und hinabwandern. Er mündet unten im Bach, aber die verwirrende Suche nach seinem Ursprung haben wir längst aufgegeben. Weiden begleiten ihn auf seinem Lauf und nun im Frühjahr der erste gelbe Zitronenfalter. Wir sprangen von einer Seite auf die andere, ein Spiel aus Übermut, eine Freude an der eigenen Kraft.

Manchmal bauten wir uns aus Latten, kleinen Brettchen und einem Stück dicken Draht an einer schmalen Stelle des

16

Grabens eine kleine Püttkermühle und freuten uns, wie sie sich im schnellen Wasser unermüdlich drehte. Meist war sie am nächsten Tag durch irgendeinen Taugenichts zerstört.

Kurzlebig wie der Zitronenfalter.

Die Zweigspitzen der Weiden aber schimmerten schon silbrig von den ersten Kätzchen, und in die alten Bäume schoß der Saft. Die Künstler unter uns schafften es, eine Flöte zu schnitzen, eine Weidenflöte.

Man mußte mit dem Heft des Taschenmessers so lange auf ein Stück des abgeschnittenen Zweiges klopfen, bis sich die Rinde löste und abschieben ließ. In diese Rindenröhre wurde ein kleines Loch geschnitten und der hölzerne Kern zweigeteilt, wobei man das eine Stück ein wenig kürzte und an einer Seite abflachte. Dies wurde die Lippe der Flöte.

Nach dem Wiedereinfügen der Holzkerne setzte man die grüne Zauberflöte erwartungsvoll an den Mund. Meist kam nur Luft, so sehr wir auch pusteten, Luft und die zu Tröpfchennebel zersprühende Spucke.

Schadenfrohes Gelächter der Umstehenden.

Aber dann war der Ton da, der erste Weidenton, und nochmals schaffte es der Flötenspieler, bis es immer wieder über den Graben klang. Es paßte so recht zu dem gelben Falter und dem glucksenden Märzwasser. Der Weidenflötenton schwebte über den schnellen Graben, und die vorbeikommenden Leute zeigten sich verwundert, blieben stehen und freuten sich. Nun war der Winter wohl vorüber.

Sogar der Bauer Nordkämper stützte sich auf seinen Forkenstiel, schmunzelte und sagte: "Wenn duine Flöttkepuiben mol Lüttke häv, denn dösse mui oine aff!"

Im Keller

Als meine Mutter die Tür öffnete, stand August Grothaus vor ihr, der Kohlenhändler. Die Peitsche hielt er neben sich auf die Erde gestellt wie ein Gewehr bei Fuß, und seine massige Gestalt verdunkelte die Türöffnung.

"Küohle", sagte er nur, was soviel heißen sollte wie: Ich bringe Kohlen.

Vor dem Haus standen seine beiden kräftigen Pferde und schnaubten. Den schweren Kohlenwagen brauchten sie aber nicht mehr zu halten, denn August hatte die Bremsen angezogen, damit er auf dem abschüssigen Weg nicht zurückrollte.

Manche Leute ließen sich die Kohlen in Säcken liefern, die ihnen vom Händler in den Keller getragen wurden. Wir aber bekamen sie lose, das war billiger.

August Grothaus zog das Schüttbrett am Wagen hoch, und der größte Teil der schwarzen Ladung rutschte polternd auf den Weg, große und kleine Stücke, eingehüllt in eine Wolke schwarzen Staubes. Den Rest schob er mit seiner breiten Schüppe vom Wagen herunter.

Der Winter war hart gewesen. Der Kohlenhaufen im Keller hatte unter der Härte am meisten zu leiden, täglich schrumpfte er mehr. Bis mein Vater zwanzig Zentner Stückkohlen und fünf Zentner Brikett bestellte, die nun in den Keller geschafft werden mußten.

Eine solche Menge in Eimern vom Weg zum Kellerfenster zu schleppen, ist schon ein Stück Arbeit, und so begann ich gleich damit, um meinem Vater zu helfen, der ja erst abends nach Hause kommen würde.

Eimer um Eimer kippte ich durch das geöffnete Kellerfenster in das eigens dafür eingerichtete Kohlenlager. Die großen Stücke trug ich auf den Armen, was meiner Kleidung nicht unbedingt gut bekam. Bei jedem umgekippten Eimer zog eine Staubwolke aus dem Kellerfenster und hüllte mich ein, so daß meine Mutter meinte: "Diu süß iut wien Öllgemöller."

18

Doch das glaubte ich nicht, denn bei jemandem, der Kohlen in den Keller "macht", lagert sich der Staub hauptsächlich um die Augen ab. Zumindest hatte sich diese Vorstellung bei mir so sehr festgesetzt, daß ich auch später beim Anblick einer Dame mit Lidschatten immer wieder in Versuchung geriet, zu fragen: "Na, haben Sie auch Kohlen in den Keller gemacht?"

Doch der schwarze Staub verzierte nicht nur die Augen, in dunklen Schwaden drang er in alle Kellerräume. Aber auch in die Nasenlöcher, so daß man den Geruch von saurem Kumst (Sauerkraut) und Schnibbelbohnen, der sonst den Keller beherrschte, gar nicht mehr richtig wahrnehmen konnte. Diese sauren Kostbarkeiten wurden im Vorratskeller aufbewahrt, in zwei großen braunen Steintöpfen mit einem runden Holzbrett und einem schweren Kieselstein obendrauf.

Auch über die beiden Kartoffelkisten lagerte sich der Staub, über die mit den dickeren zum Essen und die mit den kleineren Schweinekartoffeln, über die Steckrüben in der Ecke, über den Schweinetrog mit dem eingepökelten Fleisch, über Regale mit Äpfeln und "Wahrbuiern", wie wir die Birnen nannten, die man länger aufbewahren konnte. Die Einmachgläser staubten ebenso zu wie die Mausefalle darauf mit dem kleinen Speckstück, das längst eingetrocknet war.

Nur in den weiter abliegenden Schweinestall und in den Waschkeller, der durch eine Tür abgetrennt war, drang kaum Staub. Hier stand die Wäscheschaukel, eine Art mit der Hand zu bedienende Waschmaschine, ebenso der Köcher, in dem sowohl das Schweinefutter als auch die Wäsche gekocht wurden, und eine größere Anzahl von Zinkwannen, darunter auch das große Tubben, in dem wir sonnabends badeten.

In einer Ecke war ein Regenwasserbehälter gemauert mit einem Wasserhahn daran. Sommertags mußte ich mich morgens hier waschen.

Auch sonst wurde ich oft in den Keller geschickt, um Kohlen, Kartoffeln, Eingemachtes oder dergleichen zu holen. "Diu häs jüngere Boine", sagte meine Mutter dann immer.

Nur an ihre großen Steintöpfe durfte niemand, Kumst und Fitzebohnen holte sie selbst, wobei dann auch gleich alles gründlich abgewaschen wurde.

Doch manchmal hielt sie sich fast den ganzen Tag im Keller auf. Dann war Waschtag, und man konnte sie vor lauter Wasserdampfschwaden kaum sehen. Und abends war sie sehr erschöpft.

Immer aber, wenn wir Kohlen bekommen hatten, mußte ich am nächsten Tag in den Keller zum Brikettaufstapeln. Darin war ich ein kleiner Meister, was die gleichmäßigen geometrischen Muster aufgebauter Brikettreihen bewiesen. Leider hatte meine Kunstfertigkeit zur Folge, daß nur ich immer wieder mit dieser Arbeit beauftragt wurde. Dabei schlug ich viel lieber mit dem großen Hammer die dicken Kohlestücke kaputt.

Ja, und dabei sah ich dann auch die Ratte, wie sie schnell unter dem Kohlenhaufen verschwand. Für Ratten war unser Nachbar Fritz Altemeier zuständig, oder, um genauer zu sein, sein Hund. Ich weiß nicht mehr, welcher Rasse der zugehörte, ich erinnere mich nur noch, daß bei ihm ein Ohr herabhing, während das andere aufrecht stand.

Und nun wühlte er in unseren Kohlen herum, hechelnd vor Jagdeifer, und sein Besitzer strahlte voll Stolz. Staub wirbelte hinter seinen Pfoten, und dann hatte der Hund die Ratte gepackt und schlug sie hin und her, bis sie tot war. Er selbst aber sah aus wie der Besen eines Schornsteinfegers.

Nun müsse er den Keller doch wohl bald "wittken", meinte mein Vater. Am nächsten Sonnabend holte er sich einen Eimer mit Wasser und rührte Kalk an. Dann nahm er den großen Wittkequast vom Regal, tauchte ihn in die weiße Brühe und strich Wand um Wand.

Zuerst sah alles nur naß und grau aus, und ich war eigentlich enttäuscht. Am nächsten Morgen aber, als ich Kartoffeln holen mußte, strahlten alle Wände in sonntäglichem Weiß, und unser Keller sah aus wie neu.

20

In der Windmühle

Über den Brink wehte eigentlich ständig ein leichter Wind, doch nun im jungen Jahr nahm er manchmal an Stärke zu, und Aprilschauer zogen über das Land. Dann drehten sich die Flügel der alten Mühle schneller. Ihre starken hölzernen Arme ruderten durch die Luft, und wenn mal ein Vogelschwarm hindurchflog, hatte man den Eindruck, er würde durch die Mühle gedreht und mit Wind verquirlt.

"Schint de Sunnen up't natte Twick, riänget olle Äogenblick", sagten die Leute. Und damit hatten sie wohl recht, denn mit dem Wechselspiel der Wolken am Himmel schien mal die Sonne, mal zogen Regenschauer über den Brink.

Eine Mühle aber lebt vom Wind, und an der Lee-Seite lief das kleine Mühlenrad, die Windrose, und sorgte dafür, daß die Flügelwelle immer richtig stand. Drehte der Wind, so schwenkte die ganze Kappe der Mühle herum, und bei Ostwind ruderten die gewaltigen Flügelarme mit jeder Umdrehung vor der Eingangstür her, so daß ich beim Betreten der Mühle immer in der Angst lebte, von den schweren Hölzern erfaßt und in die Luft gewirbelt zu werden. Daher prüfte ich schon als Kind stets die Windrichtung, wenn meine Eltern mich zur Mühle schickten, und wurde so frühzeitig mit den himmlischen Kräften vertraut.

Damals zog ich dann mit meinem kleinen Bollerwagen los. Hühnerfutter sollte ich holen, zehn oder zwanzig Pfund, denn der Müller Menze mahlte nicht nur, sondern handelte auch mit Getreide.

Leider mußte ich auf meinem Wege immer an der Wegekreuzung bei Niedermeiers vorbei, mit dessem weißen Spitz ich auf Kriegsfuß stand. Er schien geradezu auf mich zu warten und schoß dann wie ein geölter Blitz aus dem Hofeingang. Ich hatte zwar inzwischen festgestellt, daß er nicht biß, aber sein ununterbrochenes Kläffen, mit dem er mich hundert Meter weit verfolgte, nervte mich so sehr, daß diese weiße

21

Kreatur heute noch in meine Erinnerung an die alte Mühle hineinbellt.

Links neben der Eingangstür lehnte sich ein Holunder an das Bruchsteingemäuer des Mühlenstumpfes, der wie der Turm einer Burg aussah. Um das ganze Grundstück herum aber standen blühende Obstbäume, und das Haus des Müllers sah mit blanken Fenstern ins weite Land hinaus.

Ein leichter Federwagen, einspännig, mit zwei prallgefüllten Säcken darauf, fuhr eben vom Hof, und sein Kutscher lachte, als er meinen kleinen Bollerwagen sah.

In der Mühle war es dämmerig, und es roch nach Mehl. Da ich niemanden sah, stieg ich vorsichtig die staubige Treppe zum Mehlboden hinauf. Ein fast voller Sack unter dem Mehlrohr und knarrende Bohlen von weißlichem Staub überhaucht, aber vom Müller war auch hier nichts zu sehen. Doch er schien meine Schritte gehört zu haben, denn plötzlich rief er über mir, ich solle heraufkommen.

Die Treppe zum Steinboden war noch steiler, und ich hielt mich krampfhaft am Handlauf fest.

Dann stand ich neben dem Müller vor dem Mahlgang, und nun wurde es mir doch ein bißchen unheimlich. Über mir drehten sich riesige hölzerne Zahnräder, und eine dicke Welle lief, sich unablässig drehend, senkrecht nach oben und verschwand hier wiederum in einem hölzernen Boden.

Überall rumpelte es, und während ich noch darüber nachdachte, wie viele Etagen solch eine Mühle wohl hatte, lief ein mächtiges Zittern durch das ganze Gebäude. Der Wind hatte aufgefrischt, und nun drehten sich die Flügel schneller, und alle Balken und Böden knackten.

"Diu briuks koine Angst to häbben, dat goit oll hunnert Jäohr säo", meinte der Müller, und dann erklärte er mir die Mühle, zeigte mir, wo das Korn hineingeschüttet wurde, ließ mich einen Blick auf die Mühlsteine werfen, und ich sah, wie der mächtige Läufer über dem Grundstein das Korn zerrieb. Mit offenem Mund stand ich da, beängstigt, beeindruckt.

22

Müller Menze aber stieg lächelnd die Treppe hinab und hieß mich, einen Moment zu warten. Ich hatte das Gefühl, er habe etwas Besonderes vor, sein Lächeln machte auf mich den Eindruck, als führe er etwas im Schilde.

Aber schon kam er wieder nach oben und schob einen hölzernen Hebel zur Seite. Irgendwo hörte ich eine Kette rasseln, und dann fuhr mir doch ein gewaltiger Schrecken in die Glieder. Vor mir hob sich plötzlich der Boden, als täte sich der Schlund der Erde auf, zwei Klappen öffneten sich polternd, und ein Sack mit Getreide fuhr von einer Kette gezogen nach oben, währen sich unter ihm die Bodenluke selbsttätig wieder schloß. Der Müller aber lachte und freute sich über mein verdutztes Gesicht.

Eine geniale Erfindung, dieser Sackaufzug mit Windenergie. Funktionierte schon seit hundert Jahren, wie der Müller gesagt hatte.

Ich habe später noch oft daran gedacht und an den Mann, der sich die Zeit nahm, einem Kind das alles zu erklären, und an die Menschen jener Tage, die mehr als wir abhängig waren von den Kräften der Natur, die darum wußten und sich darin fügten.

An jenem Nachmittag lud mir der Müller noch den Pucken mit dem Hühnerfutter in den kleinen Bollerwagen. Er hatte die Flügelwelle gebremst, die vier hölzernen Arme standen still, und ich hörte die Heimchen unter den Bohlen der Mühle.

Dann machte ich mich auf den Heimweg und dachte an den dämlichen Spitz, der sicher schon wieder auf mich warten würde.

Der kleine Laden

Unser Pudding hatte oft Klümpe, sehr zu meinem Leidwesen, aber das lag weniger an der Kochkunst meiner Mutter, als vielmehr an Alma Glösemeiers Puddingpulver.

Gewiß gab es schon Doktor Oetker, aber wir kauften das Puddingpulver lose in dem kleinen Kaufladen auf der Höhe, es war billiger. In einer der vielen Schubladen wurde es aufbewahrt und in einer Tüte abgewogen wie Mehl, und ich glaube, es war auch nicht viel anderes.

Hinter dem Tresen aber stand Alma und hantierte mit einer kleinen Schüppe, mit Papiertüten, Schubladen und Gewichtsstücken. Über ihrem Kopf war an der Rückwand ein Schild angebracht. Darauf stand zwischen aufgemalten Blumenranken:

Bist du zufrieden,
sage es anderen.
Bist du es nicht,
sage es mir.

Nun, ich war nicht zufrieden, jedenfalls nicht mit dem Puddingpulver. Aber ich habe nichts gesagt. Das Schild war auch wohl mehr für Erwachsene gedacht, denn Kinder hatten damals ungefragt ohnehin nichts zu sagen. Wenn man irgendetwas nicht mochte, hieß es bloß: "Krieg man Hunger, dann magst du es schon!"

Dafür sorgte dann später der Krieg. Aber Alma Glösemeier schnitt manchmal die Lebensmittelmarken nicht von der Karte ab und tat so, als habe sie es übersehen. Wir waren drei Jungen zu Hause und immer hungrig, und ich habe ihre Großherzigkeit nie vergessen.

In ihrem kleinen Laden aber stapelten sich vor dem Kriege die Kostbarkeiten aller Kontinente. Alles sorgsam verwahrt in Schubladen, Kisten, Kartons, Fässern und Flaschen, verlockend aufgebaute bunte Tüten und Schachteln auf Regalbrettern und Tresen. Und mittendrin die Waage mit den vielen Gewichtsstücken, die kleineren aus Messing, die größeren aus Eisen. Alma hantierte den ganzen Tag damit, und oft auch noch sonntagmorgens für die, die am Vortag beim Einkauf wieder mal etwas vergessen hatten.

Ich hätte gern mal probiert, wie schwer ein solches Ge-

24

wichtsstück war, aber wir durften sie nicht anfassen. Das "Pundstück" kannte ich am besten, denn es wurde am häufigsten auf die Waagschale gesetzt, wenn Alma in einer Spitztüte, für die eigens ein Haltering an der Waage angebracht war, Zucker, Salz, Graupen oder Gries abwog.

In einer Ecke standen kleine Fässer mit Heringen, von denen es vielerlei Sorten gab: eingelegte Heringe, Bratheringe, grüne Heringe, Bismarckheringe. Die grünen Heringe waren aber ebensowenig grün, wie die Bismarckheringe etwas mit Bismarck zu tun hatten. Sie hießen einfach so.

Unübersehbar auf dem Tresen aber stand der graublaue Tontopf, in dem die "Prömken", der Kautabak der Marke Grimm & Tripel, aufbewahrt wurden.

"Alma, do mui ens nen Rüllken", konnte man dann wohl sagen hören. Dann griff sie hinein, holte ein aufgedrehtes Röllchen Kautabak heraus, der Mann bezahlte, biß gleich ein Stückchen von seinem Prömken ab und schlürte mit seinen Holsken wieder hinaus. Die Ladenglocke schepperte hinter ihm her.

Öl und Essig gab es in kleinen Blechfässern mit einem Zapfhahn daran, Marmelade und "Klitsch", wie wir das Rübenkraut nannten, in Eimern. Flaschen und Gläser mußte man mitbringen. Die Flüssigkeiten wurden in einem kleinen Blechbehälter abgemessen, der einen "Ort", einen Viertelliter faßte. Auch Senf gab es lose ins mitgebrachte Glas.

Eine rechte Prozedur aber war das Abwiegen von Rübenkraut. Es würde eine heutige Verkäuferin zur Verzweiflung bringen, aber Alma bewahrte die Ruhe. Mit einem großen Löffel langte sie in den Rübenkrauteimer und drehte nach rechts, damit sich die zähklebrige Masse aufwickelte. Dann hielt sie den Löffel, der inzwischen wie eine dunkle Keule aussah, über das mitgebrachte Glasgefäß und drehte nach links, um das Zeug vom Löffel wieder loszuwerden und das Glas zu füllen. Dieser Vorgang wiederholte sich einige Male, wurde auch rückläufig ausgeführt, wenn die Waage zu viel anzeigte. Besonderes Pech aber war es, wenn man vorher das Geldstück unten im Glas hatte liegenlassen.

Ja, der Einkauf von Klitsch war eine reine Nervensache.

Wenn eine Neuheit auftauchte, eine bis dahin unbekannte Ware, die wir nicht benennen konnten, sagten wir einfach: "Für 10 Pfennig von das da." Oft aber saßen wir nur draußen vor dem Laden auf den Steinstufen der Treppe und lutschten an dem Stern aus Salmiakpastillen, den wir uns mit Spucke auf den Handrücken geklebt hatten.

Die unterschiedlichsten Kunden kamen und gingen, alte verrostete Fahrräder lehnten an der Mauer, bei denen man die Luft ablassen konnte. Und manchmal kamen Lieferanten und brachten Ware.

An der Wand hingen Reklameschilder von Maggi und Persil, und auf dem letzten stand in großen Buchstaben, daß man immer nur ein Päckchen Waschpulver kaufen könne; jedenfalls faßten wir es so auf: *Es gibt nur ein Persil.*

Dafür kannten wir aber einen Vers von diesem Waschmittel:
Harry Piel saß am Nil,
putzt die Zähne mit Persil

Das Wichtigste beim Persil aber war der Karton, in dem es verpackt war. Er war noch begehrter als das Waschpulver selbst, und die Leute fragten Alma immer wieder danach. Es gab nicht seinesgleichen. Er war aus besonders fester und dicker Pappe, war leicht, hatte die Festigkeit einer Holzkiste, war dieser aber durch seine Elastizität bei weitem überlegen.

Nein, es gab nichts Besseres als einen Persilkarton. Generationen war er ein Begriff.

So versorgte der kleine Laden die Menschen der Umgebung mit dem Lebensnotwendigen.

Ungehalten aber wurde Alma Glösemeier, wenn wir sie unnötig von der Arbeit abhielten, indem wir etwa am 1. April kleine Kinder mit den dümmsten und albernsten Wünschen in ihren Laden schickten oder selbst, falls wir Geld hatten, hineingingen, um Klümpchen zu kaufen.

Diese Bonbons wurden in verschiedenen Gläsern aufbewahrt, die schräg im Regal standen mit den Deckeln zur Rückseite, so daß nur Alma daran konnte.

Nun hatte die Ladenglocke sie auf den Plan gerufen, und wir standen mit unseren fünf Pfennigen da und wollten nur Bonbons, von jeder Sorte eins. Fünfmal die Deckel auf und zu. Dann konnte sie wohl mit gereizt-nervösem Unterton in der Stimme fragen: "Habt ihr etwa sonst noch Wünsche?"

Nein, hatten wir nicht.

Auf der steinernen Treppe sitzend, lutschten wir dann unsere Klümpchen, zwischen den beiden Rotdornbäumen, die links und rechts den Eingang bewachten, und in dem sich dauernd die Spatzen zankten.

Nein. Andere Wünsche hatten wir nicht.

Ostern

Ostern begann eigentlich schon eine Woche vor dem Fest, am Palmsonntag. Dann brachen die Palmkätzchen auf, und die größeren Jungen durften zum ersten Mal lange Hosen tragen, wenn sie mit ihrem weißen Schillerkragen neben den ebenso festlich gekleideten Mädchen zur Konfirmation gingen.

Die Bienen aber kümmerte es nicht, denn sie hatten es jetzt eilig, zu dem gelben Pollenüberfluß der Salweiden zu fliegen, deren Blütenstände bei uns Palmkätzchen hießen. Uns Kindern war es verboten, Zweige davon abzubrechen, da diese nun im Frühling die erste Nahrungsquelle der Bienen seien.

Das leuchtete uns ein.

Um so unverständlicher erschien es mir aber, daß die Leute in Jerusalem damals diese Zweige gleich büschelweise abrissen und auf die Straße geworfen hatten, damit der Esel des Herrn darüberlaufen konnte. "Dein Zion streut dir Palmen und grüne Zweige hin...", so klang es aus der offenen Kirchentür und verwehte im Frühlingswind.

Vielleicht gab es in Jerusalem keine Bienen.

Uns konnte es gleich sein, galt unsere größte Aufmerksamkeit doch ohnehin dem Osterhasen. Er wohnte hinter den Graswegen und stammte aus dem Schlüsselblumenland. Wir stromerten im Feld umher, immer auf der Suche nach Meister Lampe, und wenn wir Glück hatten, sahen wir ihn, wie er unten bei den Kopfweiden über den Graben sprang. Und als unser Nachbar, Hermann Oberbremer, einmal behauptete, es gäbe gar keinen Osterhasen, stand er für uns als Lügner da, denn der Augenschein sprach eindeutig gegen ihn. Wir hatten den Hasen doch selbst gesehen, und er sah genau so aus wie in dem Buch "Die Häschenschule", dem einzigen Kinderbuch, das wir kannten.

Nein, an der Existenz des Osterhasen gab es nicht den geringsten Zweifel. Unsicher fühlten wir uns dagegen in der Frage, wie er zu den Eiern kam. Er selbst legte sie nicht, soviel stand fest, denn wir wußten von den Kaninchen im Stall, daß sie zwar Junge bekommen können, aber keine Eier legen.

Daß der Hase den Hühnern die Eier abkaufe, wie meine Mutter meinte, fanden wir geradezu lächerlich. Aber auch die Möglichkeit, daß er nachts heimlich in den Hühnerstall schlich und die Eier einfach klaute, schien uns unwahrscheinlich. Unser Stall jedenfalls war sogar mardersicher, wie sollte da ein Hase eindringen können.

So blieb die Sache mit dem Eiertransfer noch lange Zeit im Dunkeln.

Meiner Mutter erschien aber eine andere Begebenheit mehr als rätselhaft. Wieso, fragte sie sich, sind bei dem Jungen die Strümpfe immer nur von innen verschmutzt?

Nun muß dazu gesagt werden, daß wir Kinder schon im zeitigen Frühjahr immer wieder die Eltern bedrängten, doch endlich kurze Strümpfe anziehen zu dürfen. Mit mahnenden Hinweisen auf Blasen- und Rheumaerkrankungen wurden diese Bitten stets abgewiesen. Also trugen wir weiter unsere langen, von Mutter selbst gestrickten schwarzen Wollstrümpfe, - zwei rechts - zwei links -, die mit Gummistrippen an einem Leibchen angeknüpft wurden, das - ebenfalls der Blase und des Rheumas wegen - zusätzlich über dem Unterhemd getragen wurde.

Obwohl noch Kinder, empfanden wir Jungen diese Bekleidung als äußerst unmännlich und versuchten uns ihrer zu entledigen, wann immer es nur möglich war.

Auf der Suche nach dem Osterhasen hinter dem weiten Feld, außerhalb der mütterlichen Sichtweite, knöpften wir also die Strümpfe los und rollten sie herunter, so daß sie sich wie zwei wollene Würste um unsere Knöchel legten. Natürlich rutschte man beim Spiel schon mal aus oder trat mit den dreckigen Schuhen gegen die Wollwürste. Erst wenn wir uns dem Elternhaus wieder näherten, wurden die Strümpfe wieder hochgerollt, und man sah nicht den geringsten Schmutz.

"Wo kümp dat, dat duine Strümpe ümmer inwennig dreckig send?" fragte Mutter dann oft. Sie ist nie dahinter gekommen.

Ja, Ostern war voller Geheimnisse, und manches blieb ungeklärt.

Gründonnerstag kam dann der Fischwagen, und die Leute kauften ein für Karfreitag, den man bei uns "Stillen Freitag" nannte. Meine Eltern nahmen Grüne Heringe, dies waren die billigsten Fische. Da sich dies jedoch Jahr für Jahr wiederholte, war ich lange Zeit der Meinung, daher habe der Gründonnerstag seinen Namen. Eine grüne Farbe habe ich allerdings nie wahrgenommen, und ich weiß bis heute nicht, warum diese geschlachteten Meerestiere "grüne" Heringe heißen.

Aber Fische hin, Fische her; für ein Kind sind sie nicht das österliche Thema. Die Hauptsache waren die Eier, woher auch immer der Hase sie haben mochte. Bunt angemalt schmeckten sie doch besser; darin waren wir uns einig.

Jedes Jahr, wenn in der Frühlingssonne die Wolkenschatten über die Felder flogen, die Lerchen ihren Sonnentanz feierten und über den Wiesen die schwarzbunten Lappen der heimgekehrten Kiebitze schaukelten, dann zogen die Mädchen in den Wald, um Moos zu suchen. Daraus bauten sie an vielen verborgenen Stellen des Gartens kunstvolle weiche Nester für den Osterhasen. Uns Jungen erschien das ein unnötiger Arbeitsaufwand, da wir herausgefunden hatten, daß der Hase ohne Nester genau so viele Eier brachte. Er versteckte sie dann irgendwo in den Blumenrabatten oder hinter den Sträuchern.

Blühende Osterglocken und leuchtendes Gelb der Forsythien, Eiersuchen am Ostermorgen. Das goldene Papp-Ei mit der bunten Schleife war auch wieder da, wie in jedem Jahr. Es war mit Süßigkeiten gefüllt und verschwand jedesmal nach Ostern, um ein Jahr später wieder aufzutauchen.

Manch einer aber von den Kindern, die nun nach Ostern zur Schule mußten, bekam noch ein Danaergeschenk, einen Tornister. Das war nun wirklich kein Geschenk, sondern eher eine Drohung. Aber die vielen bunten Eier ließen die Wolken des kommenden Unheils entschwinden.

Abends das große Osterfeuer, über das damals noch nicht diskutiert wurde. Es gehörte dazu. Lodernde Flammen vor dem dunkler werdenden Abendhimmel über dem Bruch.

Lange noch glimmte die Glut in die Nacht. Kinder stocherten darin herum. "Wer mit Feuer spielt, macht nachts das Bett naß!" drohten die Eltern.

Ich habe nie ins Bett gemacht. Doch wie kamen die vielen Brandlöcher in meine Hose? Ich wußte genau, daß ich sorgsam auf meine Kleidung geachtet hatte.

Ostern war ein Mysterium.

Haare schneiden

Zwischen den Jahreszeiten und der Länge des Haupt-haares bestand früher eine vernünftige Beziehung. Im Winter durfte es ruhig etwas länger sein, dann holte man sich nicht so leicht eine Erkältung, und es fror einen auch nicht so, wenn man mal seine Mütze vergessen hatte. Kam aber das Frühjahr ins Land, und die Sonne stieg höher, so wurde man, ähnlich wie bei einem Wollschaf, seines Winter-pelzes beraubt.

Die Prozedur war fast die gleiche, und wir Kinder fürch-teten uns meist davor, denn die Hand-Haarschneidemaschine ziepte ganz schön, und wenn der Vater es eilig hatte, glaubte man manchmal, es würden einem mehr Haare ausgerissen als abgeschnitten.

Eine weit verbreitete Haarmode für Jungen war damals der Mähmaschinenschnitt. Dazu brauchte man kein großer Figaro zu sein, sondern einfach mit der Maschine kreuz und quer über den Schädel zu fahren, bis nichts mehr stand. Das Ergebnis dieser Schur war niederschmetternd, aber die Er-wachsenen fanden es praktisch.

Noch praktischer erschien es einigen Leuten, wenn vorn ein Schopf stehen blieb. Da konnte man doch gegebenenfalls mal hineingreifen und den Jungen hin- und herziehen. "Glat-ze mit Griff" nannten wir diese Haartracht.

Da meine Eltern keine Anhänger dieser Zweckentfrem-dung des Kopfhaares waren, wurde ich zu Paul Wehner geschickt. Sein Friseursalon lag unten an der Straße.

Da stand ich dann vor seinem "Schaufenster" und wunder-te mich, daß er seinen Beruf nicht richtig schreiben konnte. Wie auch immer ich es buchstabierte, stets las ich "Frisäuer". Außerdem stand im Fenster noch die übergroße Nachbildung einer Dose Niveacreme und das Pappbild einer verschneiten Bergwelt mit einem großen braunen Gesicht davor, so wie ich es später in dem Film "Die weiße Hölle am Piz Palü" wiedergesehen habe. Aber dieser Utensilien hätte es nicht bedurft, hing doch das Markenzeichen aller Barbiere neben seiner Haustür: das glänzende runde Messingschild an einem kunstvoll geschmiedeten eisernen Arm. Jeden Morgen wurde es neu auf Hochglanz gebracht, und wenn der Friseur seine Stehleiter zusammenklappte, ins Haus ging und auf seine Kunden wartete, traf der erste Sonnenstrahl den blanken Teller. Dann spiegelte sich die Welt darin und die kleine Blaumeise, die fasziniert vor der gelben Scheibe herumflatterte.

Fuchsteufelswild aber konnte Paul Wehner werden, wenn vorbeikommende Jungen diese Zierde seines Handwerks als Zielscheibe für ihre Gummischleudern benutzten.

Doch an diesem Sonnabendnachmittag war weit und breit niemand zu sehen, so versuchte ich unbeobachtet, einen Blick in den Teller zu werfen. Dazu kletterte ich auf die steinerne Brüstung der Treppe, aber das reichte nicht.

Auch durch wiederholtes Hochspringen kam ich dem Ziel nicht näher. Plötzlich öffnete sich die Tür, und der Friseur, der mein Gehopse wohl gehört hatte, rief lachend: "Komm rein, wenn du 'nen Spiegel suchst, drinnen hab ich 'nen größeren!"

In dem Raum, der die Größe eines Zimmers hatte, saßen schon einige Leute, und ich setzte mich, ein wenig unsicher, auf den einzigen noch freien Stuhl, von dem ich aber bald wieder aufstehen mußte, als nach mir noch ein Erwachsener den "Salon" betrat.

So stand ich nun verlegen in der Ecke herum und sah mir die Einrichtung an. Den Frisiertisch mit Spülstein und großem Spiegel, den Stuhl mit der von der Decke herabbaumelnden elektrischen Haarschneidemaschine darüber und einen Schrank mit Glastür, hinter der einige Flaschen, Schachteln und Tuben zu sehen waren.

Kinder müßten ja wohl nicht sonnabends zum Friseur, meinte einer der Männer, die hätten ja auch in der Woche Zeit genug. Frittken Beckmann, der nach mir gekommen war,

32

drängte sich vor, und als Wehner ihn fragte, ob er es denn so eilig habe, sagte er: "Jäo, ick hädde et drucke wie Iarfte innen Podde." Die anderen Männer lachten, aber ich war wütend auf ihn und schwor, ihm das nächste Mal sein altes Fahrrad zu verstecken und die Luft abzulassen, wenn es oben vor der Gastwirtschaft stand.

Der Friseur aber versuchte, die Situation zu entschärfen und fragte mich: "Was soll es denn gleich bei dir sein, vielleicht rasieren?" Die Leute lachten, und das machte mich noch wütender.

Als ich dann aber endlich im Frisierstuhl saß, auf den Klappsitz kam ich nicht mehr, dazu war ich inzwischen zu groß, da ging es dann recht zügig. Wohl um meine Stimmung aufzuhellen, fragte mich der Friseur, ob er die Ohren auch mit abschneiden solle. Aber bei meiner Laune fand ich das gar nicht witzig

Links und rechts purzelte das abgeschnittene Haar über den weißen Umhang zur Erde. Niemand wurde gefragt, wie er es geschnitten haben wolle, es gab damals ohnehin nur eine Haarfrisur, militärisch kurz, Streichholzlänge. Mit anderen Gestaltungsversuchen wären die Eltern auch nicht einverstanden gewesen. Wenn man schon das Geld für den Friseur ausgab, sollte auch ordentlich was abgeschnitten werden, sonst hätte man ja schon bald wieder hinmüssen.

"Pfft, pfft", machte der Gummiball, und aus dem darunterhängenden Glasgefäß sprühte ein feiner duftender Nebel um meinen Kopf. Der Friseur kämmte mich noch und nahm mir den Umhang ab. Dann war ich fertig. Ich kratzte mich hinter dem Kragen, denn die Schnitthaare im Hemd juckten ungewohnt.

Als ich nach Hause kam, stand mein Vater im Hof und putzte die Fahrräder, seins und das meiner Mutter. Dabei fiel mir wieder ein, warum ich die Haarschneideprozedur über mich ergehen lassen mußte: Morgen wollten wir eine Radtour machen.

Der Gedanke daran stimmte mich wieder versöhnlicher, und als ich meine Mutter auf der Bleiche traf, hatte ich den Eindruck, daß sie sich auch darauf freute. Sie lachte und sagte zu mir: "Diu duftes jo wie 'ne Pingstreosen."

Das aber fand ich nun nicht so gut und hoffte nur, daß das Duftwasser des Friseurs bis zum anderen Morgen verschwunden war.

Nein, Pfingstrosen zählten nicht zu meinen Vorbildern.

Der Radausflug

Es gab Tante Frieda, Tante Hanne, Tante Lene und noch eine Reihe weiterer Tanten. Die einzige Großtante, die wir hatten, wurde aber nicht mit Vornamen genannt. Sie hieß Tante Kuhlmann.

Am Sonntag wollten meine Eltern sie besuchen, und deshalb standen die Fahrräder zum Putzen auf dem Hof.

Mein Vater rieb mit einem Lappen das schwarze Gestänge sauber, aber auch die Speichen und die Radnaben, so daß sie ordentlich glänzten. Das Tretlager wurde eingeölt und die Kette nachgespannt.

Nun war das Rad meiner Mutter schon verhältnismäßig modern, das meines Vaters eher antik. Die Hinterachse wurde durch einen aufgeschraubten Pinn verlängert, auf den man beim Aufsteigen den linken Fuß setzte, bevor man dann mit weitem Schwung das rechte Bein nach vorn führte, um auf den Sattel zu gelangen.

Der Anblick erinnerte eher an einen Stabhochspringer als an einen Radfahrer.

Der Rahmen war höher gebaut als bei heutigen Rädern, doch das Auffälligste war der große Zahnkranz an der Tretachse, der für ein besonders großes Übersetzungsverhältnis sorgte, was dazu führte, daß mein Vater sein Rad gern als "Kilometerfresser" bezeichnete. Eine Art Humor, die sonst selten bei ihm anzutreffen war. Als Gegenstück nannte er das Rad meiner Mutter "Bergsteiger". Sie selbst bezeichnete es aber als "Schleifstein".

An diesem Sonntagmorgen nun wurde der Kilometerfresser gesattelt. Um die Rahmenstange legte mein Vater kurz hinter dem Lenker ein Sofakissen und band es mit einem Bindfaden fest. Das war mein Kindersitz, ein Sattel wäre zu teuer gewesen. Aber es gab wenigstens Fußstützen für mich, was bei meinen Spielkameraden längst nicht der Fall war. Die mußten dann während der ganzen Fahrt mit gespreizten Beinen auf dem Sofakissen sitzen.

Der große Radausflug sollte nun für uns beginnen. Meine Mutter hatte ihr neues Kattunkleid angezogen und einen Korb mit Butterbroten und einer Flasche verdünnten Himbeersaft an den Lenker gehängt. Vater klipste die Hosenklammern an, damit die frischgeölte Kette keinen Schaden an seinem Sonntagsanzug anrichtete. Dann ging es los.

Wir fuhren den Stöhnebrink hinauf, und dann ging es die endlos erscheinende Chaussee entlang. Helles junges Lindengrün und die frischen, zarten Pinsel an den aufbrechenden Lärchen. Über uns am Himmel segelten die weißen Wolkenschiffe dahin. Ich freute mich und hatte den Eindruck, wir führen mit ihnen um die Wette.

Die Sonne stieg höher, und wir waren schon weit gefahren, als mein Vater vor einer Gartenwirtschaft anhielt und abstieg. Mutter nahm den Korb vom Lenker, und wir setzten uns in eine maigrüne Laube auf die alten unbequemen Stühle, die man damals in jeder Gartenwirtschaft vorfand, und aßen unser Butterbrot. Ein dunkles Bier für meine Mutter, ein helles für Vater. Und für mich ein Apfelsinchen. Den mütterlichen Hinweis auf den mitgenommenen Himbeersaft schob mein Vater mit der Bemerkung beiseite, den könnten wir auch noch auf dem Rückweg trinken.

Meine Eltern hätten sicher gern noch eine Weile ausge-
ruht, aber als ich mein Glas leer hatte, drückten die harten
Bretter des Gartenstuhls doch sehr. Ich schaukelte darauf
herum, so daß meine Mutter, die mich wohl schon in den
Büschen liegen sah, meinte: "Lot us man wuiderfoiern, de
Junge kann doch nich stillesitten."

Es war schon hoch Mittag, als wir bei Tante Kuhlmann
ankamen. Wir traten durch die geöffnete Deelentür in ein
Dämmerdunkel, aber ich roch es sofort. Und dann sahen wir
es auch: Tante Kuhlmann stand am Herd und backte Pickert.
"Ji kurmt gust to rechten Tuid", meinte sie, begrüßte uns und
lud uns gleich zum Essen ein.

Erzählen, ein Spaziergang durch Hof und Garten. Die
Birke hinter dem Haus hatte Zweige wie hellgrüne Haare.
"Wat es de Junge gräot worn!" Kaffeetrinken.

Pickertessen unter dem blühenden Apfelbaum.

Und wieder Erzählen, bis die "Dröppelminna" leer, und
auf dem Grunde der Tassen nur noch Kaffeeprütt zu sehen
war.

Als die Tante erfuhr, daß mein Vater in der Fabrik für
eine Woche Ferien hatte, ließ sie nicht eher locker, bis meine
Eltern überredet waren, doch über Nacht zu bleiben. Meine
Mutter meinte zwar erst, das ginge wohl nicht, da das Schwein
und die Hühner versorgt werden müßten, aber Vater hatte
schon vorgesorgt und meinte: "Ick hädde et Willem sägt, de
kik no den Voih." Willem war unser Nachbar.

Mir verursachte der Gedanke, in einem fremden Bett
schlafen zu müssen, einige Beklemmung, die auch nicht ganz
verschwand, als mir die Tante abends ein "Zuckerbutter",
eine mit Zucker bestreute Scheibe Brot, machte, um mich
aufzuheitern. Sie wußte, daß ich dies besonders gern aß.

Ich schlief dann auch unruhig zwischen meinen Eltern in
einem riesengroßen Bett mit einem gewaltigen Kissen zuge-
deckt, dessen Bezug mit roten Karos bedruckt war. Zu Hause
hatten wir weiße Kissen mit blauen Blumen darauf, und das

36

fremdartige Leinen beunruhigte mich. Ich schlief kaum, und die Schatten der Apfelbaumzweige, die auf der mondhellen Gardine hin- und herschwankten, schienen mir bedrohlich.

Verursacht durch meine Unruhe, schliefen sicher auch die Eltern nicht gut, und sie werden froh gewesen sein, als die Morgendämmerung das Rechteck des Fensters erhellte.

Dampfender Kaffee und Rührei beim Frühstück. Tante Kuhlmann war schon lange vor uns auf, und sie hatte uns auch schon Butterbrote für den Heimweg eingepackt. Leichter Dunst auf den Feldern, aber der Himmel blau wie am Vortag.

Diesmal kehrten wir nirgends ein. Als das Gras trocken war, aßen wir unsere Butterbrote im Straßengraben, und am frühen Nachmittag waren wir wieder zu Hause. Es wurde auch Zeit, denn das Kissen auf dem Rahmen hatte sich allmählich zusammengedrückt, und ich stand mehr auf den Fußrasten, da ich kaum noch sitzen konnte.

Auch meine Mutter meinte: "Geot, dat wui wuier to Huis send".

Am Mühlenteich

Von den Höhen hinter dem Holze am Horizont kommt der Bach und durchfließt ein langes Wiesental, das hier und da durch lehmige Böschungen mit Buchenhängen eingeengt wird. Seine Quelle gibt ihm nicht viel Wasser mit auf den Weg, aber die vielen Sieks und Seitentäler, aus deren Grunde das Sickerwasser hervortritt, sorgen überall für Zulauf, so daß er ein recht ordentlicher Bach geworden ist und auf seinem kurzen Lauf einst sogar sechs Wassermühlen angetrieben hat.

Und nun füllte er den Stauteich der untersten der Mühlen, der einzigen, die damals noch in Betrieb war, und wenn man vor der großen schilfumstandenen Wasserfläche stand, war man doch verwundert darüber, woher der Bach soviel Wasser hatte.

Noch mehr beschäftigte mich allerdings die Frage, woher die vielen Poggen (Frösche) kamen. Ihre Zahl war Legion. Sie hockten paarweise aufeinander und schauten mit goldenen Augen aus dem Dämmergrün der Algentiefe empor. Wenn sie an lauen Frühlingsabenden die Kehlsäcke aufbliesen, war ihr Quaken kilometerweit zu hören.

Große Teile der Wasserflächen waren mit Entengrütze (Wasserlinsen) bedeckt, durch die der Stockentenerpel in weitem Bogen eine Fahrrinne zog. Er würde fett werden in den nächsten Wochen, wenn es hier vor Kaulquappen wimmelte.

An der Böschung gegenüber blühten die Schlehen, und am feuchten Ufer standen die roten Kerzen der Pestwurz, deren riesige Blätter nach der Blüte wuchsen, und die dann so groß wurden, daß wir sie als Kinder "wilden Rhabarber" nannten.

Nickend zieht das Teichhuhn übers Wasser. Im Schilf verborgen steht sein Nest mit vielen Eiern. Wir entdeckten es vor Tagen, als wir Rohr für unsere Pfeile schneiden wollten. Eigentlich wäre das eine Beschäftigung für strenge Winter, wenn die Fische schlafen, wenn die Rohrhalme wie braune Speere aus dem Eis hervorstarren und man mit Schlittschuhen in die stille Welt des Schilfgürtels hineingleiten kann. Aber wozu brauchte man im Winter Pfeile, da hatten wir anderes zu tun.

Doch jetzt haben wir uns neue Bogen gefertigt aus kräftigen Haselnußschößlingen und brauchen nun neue Pfeile. Die vorjährigen hat der Winter hinter dem Hause zerbrochen, und die Holunderstückchen, mit denen die Spitze zur besseren Flugtauglichkeit beschwert wird, sind eingetrocknet und abgefallen.

So waten wir nun im Schlamm durchs Röhricht, durch Froschlöffel und Wälder von Teichschachtelhalm und hören,

38

wie der Rohrsänger schimpft. Bald werden die braunen Winterspeere wieder grün, Libellen werden im Zickzackflug hindurchschießen, und in der Mitte der Wasserflächen wird wieder die Seerose blühen. Dann kommt der Sommer über den Mühlenteich mit seinen verwunschenen Vogelrufen im Schilf.

Oft turnen wir auf dem Wehr herum, wenn der Müller uns nicht sieht, versuchen an der großen eisernen Kurbel zu drehen, doch das Zahnrad, mit dem man durch Übertragung auf eine Zahnstange des Wehr öffnen kann, rührt sich keinen Millimeter.

Heute morgen lehnt Gustav Klüter am Geländer. Er hat seine Schiebkarre abgesetzt und schaut ins Wasser, das in dünnem Strahl über die Bretterwand strömt, spuckt hinunter und läßt die Asche seiner Zigarre schwimmen. Die dünnen Zweige der alten Trauerweide hängen fast im Wasser, und die silbrig glänzenden Fische, die dann und wann über die moosigen Steine springen, scheinen danach zu schnappen.

An dem alten rostigen Rechen vor dem Wehr sammelt sich allerlei, von der träge dahinfließenden Strömung herangetragen, und der Müller muß es immer wieder herausfischen. Abgebrochene Zweige hängen vor dem Eisengitter, ein altes Brett, eine Flasche, eine bunte Entenfeder oder eine alte Dose. Einmal trieb sogar ein totes Ferkel dort an.

An Mahltagen aber wird die schwere Kurbel gedreht und das eiserne Schütt hochgezogen. Dann schießt das Wasser unter der Straße hindurch, und schwimmende Stöcke und Blätter kommen schneller heran, werden mitgerissen im Wirbel der Strömung und an der anderen Straßenseite auf das Mühlrad geworfen, das dann langsam anfängt, sich in Bewegung zu setzen.

Es ist ein oberschlächtiges Wasserrad, das sich hier neben der Wand des alten Mühlhauses dreht. Durch eine hölzeren Rinne geleitet, fällt das Wasser von oben auf das Rad, gibt ihm seine Kraft und zersprüht dann zu tausend Tropfen, wenn es an der anderen Seite wieder herunterfällt. Die mächtige Welle aber dreht sich, mit ihren eisernen Endstücken in festen Lagern ruhend, und man hört, wie drinnen die Mahlsteine rumpeln. Wer an Gespenster denkt, mag sich beruhigen. Gespenster sind Mühlsteine und nichts anderes.

Der Wasserspiegel im Mühlenteich sinkt allmählich, und der Bach unterhalb führt Hochwasser. Die Bisamratte wird sich wundern, aber die Bachstelze, die in einer Mauerlücke unter einem nassen Balken ihr Nest gebaut hat, stört das nicht. Sie schießt hin und her über das Wasser und scheint sich wohlzufühlen in dieser feuchten Welt.

Auch uns gefiel es damals am Mühlenteich. Der Ruf des Teichhuhns aus dem Schilf schien uns immer wieder zu locken, und Wasser ist ein geheimnisvolles Element. Wir strolchten den ganzen Nachmittag um den Teich, bis es dunkler wurde unter den Erlen, und der frühe Abend kam mit seinem großen gelben Mond.

Doch die Frösche gaben auch dann noch keine Ruhe. Ihr Quaken begleitete uns auf dem Heimweg und bis in die Träume. Den Froschkönig aber haben wir nie gesehen.

Im nassen Grund

Die Pflanzen müssen kurz vor dem Aufblühen gepflückt und zehn Minuten mit den Blättern nach unten so in den gekühlten Wein getaucht werden, daß die Stiele herausragen. Dann gießt man noch Mineralwasser und Schaumwein hinzu und süßt das Ganze.

So steht es in einem alten Rezept für Maibowle, aber bei uns wurde so etwas nicht getrunken, es galt wohl mehr als ein Getränk für feinere Leute.

Doch wo im Frühjahr der Waldmeister wuchs, das wußte

ich. Im nassen Grund, wo der Higer (Eichelhäher) schimpfte, stand er jedes Jahr in dichten Beständen. Zusammen mit Goldnesseln unter der großen Eiche verströmte er seinen Limonadenduft, den wir sonst nur von dem grünen Brausepulver kannten, das man bei Glösemeiers in kleinen Tüten kaufen konnte. Hatten wir kein Geld dafür, liefen wir auf baumdunklen Wegen über moosige Wurzelstubben in den nassen Grund zur alten Eiche.

Hier hockten wir, zerrieben die sternförmig angeordneten Blätter, rochen daran und hatten so wenigstens die Illusion. Über uns aber rauschte der Wald wie im Schlaf, und wir glaubten uns menschenfern. Manchmal riefen wir: "Wie heißt der Bürgermeister von Wesel?"

Dann rief der Wald zurück: "Esel!"

Und wieder war es still.

Es war ein heimlicher Grund hier im Dämmerreich der Farne, wo der Zwergenkönig hätte wohnen können, und wo man ständig das Gefühl hatte, von unzähligen Vogelaugen beobachtet zu werden. Die Zauberwurzel aber haben wir nicht gefunden, nur die unheimlich bleiche Blüte des Aaronstabes und den prächtigen Lerchensporn, den die feuchtwarme Aprilnacht hervorgezaubert hatte.

Schlüsselblumen und Nachtigall, und der weiße Stern der Anemone fror im Abendwind. Dann wurde es auch uns kalt an den Füßen, machten wir doch den ersten unerlaubten Versuch, barfuß zu laufen. So zogen wir unsere Strümpfe wieder an, nicht ohne vorher die schmutzigen Fußsohlen tüchtig mit feuchten Gras abzureiben, damit niemand unseren verfrühten Ausflug ins Sommerland bemerkte.

Ich weiß nicht, ob man die Maibowle auch schon im April trinken kann; wenn der Waldmeister zu früh blüht, ist man ja fast dazu gezwungen.

Wenn man aber im nassen Grund Brombeeren suchen wollte, denn auch aus diesen Früchten des Waldes ließ sich eine schmackhafte Bowle ansetzen, mußte man schon bis zum späten Sommer warten, und selbst dann wurden sie nur selten reif. Es drangen zu wenig Sonnenstrahlen bis in diese verborgene Welt, und so hingen die Früchte meist erdigbraun an den dornigen Ranken und schmeckten auch so. Später im Jahr, wenn die Blätter an den Brombeeren purpurn angemalt waren, machten sich die Drosseln darüber her.

Um so üppiger gediehen die Pilze; in vielen Formen und Farben schauten sie ein wenig unheimlich aus dem Unterholz hervor. Dann sah man dort auch manchmal einen Bollerwagen stehen, und eine alte Frau ging gebückt umher und suchte Fallholz.

Bald hatte sie ihren Wagen hoch bepackt und band die Ladung vorsichtshalber mit einem aus kleinen Enden zusammengeknoteten Bindfaden fest, bevor sie polternd damit heimzog. In ihrer hochgerafften blauen Schürze trug sie aufgesammelte Fichtenzapfen, die im Winter gute Wärme gaben. Man durfte nur nicht zu viel auf einmal davon ins Feuer werfen, sonst wurde die Hitze zu groß, und es bestand Gefahr für den Herd.

Der alte Tischler Breitenkamp aber brauchte keine Fichtenzapfen zu sammeln, er hatte eine Buche gefällt. Da lag sie nun am Hang, und ihre Krone reicht bis oben an den Weg. Leute, die vorbeikamen, riefen ihm zu: "Do hässe ober to boiden von Winter!" "Jäo", antwortete er dann, "de Führer häv säggt: Niemand soll hungern und frieren."

Auch um seine Forkenstiele brauchte er sich nicht zu sorgen, die wuchsen ihm sozusagen zu. Er schnitt sie von der alten Kopfweide. Dazu brauchte er nur zu warten, bis die neuen Triebe stark genug herangewachsen waren.

Die Weide stand an dem kleinen Rinnsal, das aus dem nassen Grund hervorsickerte, weiter unterhalb, wo der Wald zurücktrat und Wiesen sich an den sanften Hängen hinaufzogen. Neben dem morschen Weidepfahl wuchs der Baum seit Menschengedenken, und das Wasser aus dem verborgenen Grund versorgte ihn mit Leben.

42

Innen war er hohl, schon solange man sich erinnern konnte, und die Leute wunderten sich, daß der Baum jedes Jahr wieder ausschlug. Oberon hätte darin wohnen können oder Erlkönig. Wie eine Gestalt mit zottigen Haaren stand er da, und wenn wir uns in seinem Inneren versteckten, schienen wir eins zu sein mit ihm.

Auch andere Wesen suchten bei ihm Zuflucht. Eines Tages hatte ein Vogel eine rote und eine schwarze Beere herangetragen, und nun wuchsen eine Eberesche und ein Holunder in seiner Höhlung und trugen schon ihrerseits wieder Früchte. Und das Wasser aus dem nassen Grund ernährte sie alle.

Am Fuße des morschen Weidepfahles aber brütete das Braunkehlchen. Der alte Baum war seine Warte; von hier aus betrachtete es die Welt und sang in den Nachmittag über dem Ehrenpreis und dem Sauerklee, der den Fuß der hohlen Weide umsäumte.

Wenn aber die Wiesenhänge dunkelten, der Waldkauz lautlos über den alten Baum dahinstrich und der Venusstern über der Eiche stand, dann hätten Erlkönigs Töchter lauschen können, wie unter dem milchigen Mondlicht Tischler Breitenkamps Forkenstiele heranwuchsen. Weidenstiele sind elastisch und liegen gut in der Hand.

Maikäfer

Der Maikäfer gehört nach Meinung der Gelehrten zu den Insekten; das ist ein Irrtum; er gehört zu den Schuljungen, denn niemals sieht man ihn anders als in deren Begleitung."

So jedenfalls empfand es Hermann Löns.

Ganz unrecht hatte er sicher nicht. Jahrelang lebt der Käfer als Engerling in der Erde, und wenn er dann Glück hat und in diesem Zustand nicht vom Maulwurf gefressen wird, kommt er eines Tages ans Licht, um sich gleich wieder in dem zarten Grün der eben aufbrechenden Buchen zu verstecken. Sah man aber damals einen Jungen mit einer Zigarrenkiste, so bot sich mit großer Wahrscheinlichkeit die Möglichkeit, einen Maikäfer zu erblicken.

"Zeig mal!"

Stolz, aber vorsichtig wurde der Deckel geöffnet, und da krabbelte dann gleich ein Dutzend dieser Tiere in dem Haufen verwelkender Buchenblätter umher, nicht wissend, daß sie nun den Rest ihres Lebens in einer dunklen Kiste verbringen sollten.

Wilhelm Busch hat ihnen zu literarischem Ruhm verholfen, und ich bin fast sicher, daß diese braunen Krabbeltiere am letzten Apriltag mit den Hexen zur Walpurgisnacht des Doktor Faustus auf den Brocken geflogen sind.

Nichts gehörte damals so sehr zum Mai wie der Maikäfer. Für uns Jungen waren es fast identische Begriffe. Sobald wir das hohle dunkle Rufen des Kuckucks aus dem kleinen Feldgehölz vernommen hatten, waren wir, mit Schachteln bewaffnet, unterwegs auf der Suche nach dem Käfer. Aber erst wenn die jungen Buchen ihre braunen Knospenhüllen abgestoßen und ihr helles weiches Grün entfalteten, hatten wir eine Chance, ihn zu finden.

Es gibt kaum Erfreulicheres für das Auge als einen buchengrünen Maiwald.

Möglichst früh, wenn noch die Morgenfrische im Gras lag, zogen wir los. Dann waren die Käfer noch erstarrt von der Nachtkühle. Sie konnten sich nicht richtig festhalten, und wenn wir den jungen Baum schüttelten, plumpsten sie herab.

So zogen wir durch den Wald, Futter für die Tiere wurde gleich mit abgerupft. Bei größeren Bäumen, die wir durch Schütteln nicht mehr bewegen konnten, genügte oft ein Fußtritt, der den Stamm vibrieren ließ, so daß die Käfer herabpurzelten.

44

Daneben gab es noch eine andere Fangmethode. In der hereinbrechenden Abenddämmerung, wenn die Tiere schwärmten und wir sie an unseren Köpfen vorbeibrummen hörten, schlugen wir mit Reiserbesen durch die Luft. Diese Methode war allerdings nicht so erfolgreich wie das Bäumeschütteln, denn die auf den Boden fallenden Käfer waren in der beginnenden Dunkelheit oft nicht wiederzufinden.

Wer es sich einfach machen wollte, suchte in der einsetzenden Dunkelheit nach einer geeigneten Lichtquelle. So war die Lampe vor der Gartenwirtschaft ein idealer Platz. Man brauchte nur abzuwarten, bis auch die Maikäfer dieses Licht entdeckt hatten und sich magisch angezogen fühlten. Mit aggressivem Brummen steuerten sie auf das helle Zentrum der Lampe zu, kollidierten mit dem Glas und fielen betäubt zu Boden. Hier brauchte man sie nur noch aufzusammeln.

So war der Mai ein aufregender Monat, und alle Jungen waren getrieben vom Jagdinstinkt. Wenn wir auch nicht ständig mit einer Zigarrenkiste in der Hand herumlaufen konnten, so hatten wir doch wenigstens stets eine leere Streichholzschachtel in der Tasche, in die man zur Not ein zufällig gefundenes Tier hineinquetschen konnte. Wenn gar nichts anderes zur Verfügung stand, ließ sich das Insekt auch in ein Taschentuch einwickeln.

Ein Lebewesen, das in solcher Häufigkeit auftrat, war für uns ein geeignetes Studienobjekt. Sechs Beine, zwei paar Flügel und Fühler. Die mit den längeren Fühlern waren die Männchen, und sie spreizten diese zarten Gebilde oft wie einen braunen Fächer. Daher hatten sie einen höheren Handels- und Tauschwert als die unscheinbaren Weibchen. Denn natürlich gab es auch eine Maikäferbörse. Die Tiere mit einem weißlichen Brustschild, die bei uns "Müller" hießen, brachten hier den höchsten Erlös.

Wenn der Maikäfer fliegen wollte, brauchte er Luft für seine häutigen Unterflügel, darum mußte er "pumpen", bevor

er starten konnte. Mädchen sangen dann oft ein Lied:
Maikäfer, flieg,
dein Vater ist im Krieg,
deine Mutter ist in Pommerland,
Pommerland ist abgebrannt,
Maikäfer flieg.

Nun muß ich zu meinem Bedauern gestehen, daß wir den Start dann manchmal unterbrachen, den Käfer schnappten und ihn als Folterinstrument benutzten. Einer mußte das Mädchen festhalten, und der andere setzte ihm das Tier auf die Nase. Das Mädchen schrie dann wie am Spieß. So bereitete das braune Insekt Freude in mancherlei Weise, und wir verstanden nicht, daß die Erwachsenen das Tier für schädlich hielten.

Oft gab es jahrelang nur wenig Maikäfer, doch dann waren sie auf einmal in Massen wieder da, so daß sie auf den Straßen unter den Rädern der Pferdewagen zerplatzten. Das nannten die Leute ein Maikäferjahr.

War nach Wochen unser Interesse an den Krabbeltieren erlahmt, verfütterten wir sie an die Hühner. Die pickten emsig und waren ganz verrückt darauf. Aber der alte Niederbröker schimpfte: "Ji kürnt de Moikäfer doch nich de Hoihner gieben, de waiert klucksch dovan!"

Ich weiß nicht, ob es sich damit so verhielt, oder ob es nur ein Aberglaube war. Gegen "klucksche" Hennen aber hatten die Leute damals ein rigoroses Mittel. Man steckte sie in einen Sack, band den oben zu und hängte ihn im Keller an die Wand, bis sich das Tier wieder beruhigt hatte.

Heute nun, nach so vielen Jahrzehnten, sind die Maikäfer selten geworden. Sie passen wohl nicht mehr in unsere Welt. Aber wir haben nicht nur die Käfer vergiftet, sondern, was noch bedauerlicher ist, auch unsere Maibowle.

46

Pfingsten

Die Maikäfer, die das Pfingstfest ankündigten, waren als Mädchenschreck nicht zu gebrauchen. Sie lagen im Schaufenster des kleinen Kolonialwarenladens der Stadt und waren aus Schokolade. Sie schienen uns längst nicht so interessant wie ihre recht krabbeligen Vorbilder, und da wir sie uns finanziell nicht leisten konnten, gehörten sie nicht zu unserer Welt.

Sie waren auch nicht die eigentlichen Verkünder des hohen Festes; das war der Pirol, der Pfingstvogel. Sein melodisches Flöten erklang den ganzen Tag aus Niedermeiers Holz, wo er sein kunstvolles Nest gebaut hatte, das wie ein Beutel in der Astgabel einer Buche hing. Das Flöten dieses scheuen Vogels stimmte mich irgendwie lustig, und sein prächtiges gelbschwarzes Gefieder schien mir recht zu Pfingsten zu passen.

Meine Mutter aber wurde vor diesem Fest der Ausgießung des heiligen Geistes stets von einem Geist der Unruhe erfaßt. Das lag wohl am blauen Himmel, an der Sonne und an den Maiglöckchen, die schon seit Tagen in einer kleinen Vase auf dem Tisch standen und mit ihrem alles überlagernden Duft das Zimmer füllten.

Die Unruhe richtete sich zuerst auf den Kleiderschrank. Anzüge und Kleider wurden hervorgeholt, ausgebürstet und dann an den Griff des offenstehenden Fensterkreuzes in die Frühlingssonne gehängt. Viele Kleidungsstücke waren es nicht, denn damals hing alles noch nicht so dicht im Schrank wie heute. Aber auch meines Vaters Zylinder lag auf der sonnenbeschienenen Fensterbank, bevor er wieder in dem Mottenkugelgeruch des Pappkastens verschwand.

Auf der schlappen Wäscheleine hingen die Federbetten und schaukelten im Frühjahrswind. Auf dem Hof standen zwei Küchenstühle, die durch eine darübergelegte Holzleiter miteinander verbunden waren. Hierauf legte meine Mutter die mit Seegras gefüllten Matratzen aus dem Schlafzimmer;

ich bekam einen Ausklöpper in die Hand gedrückt und durfte mich nach Herzenslust daran auslassen. Die einzige Arbeit bei diesem Frühjahrsputz, die wenigstens eine Zeit lang Spaß machte.

Pfingsten schien das Fest der Reinigung und Erneuerung. Am nächsten Morgen waren die Fenster dran. Wassereimer, Lappen, ach, wieviel Fenster hat doch selbst ein kleines Haus. Aber meine Mutter gab nicht eher Ruhe, bis sich in allen Scheiben der blaue Himmel mit seinen weißen Wolkensegeln spiegelte.

Manchmal aber, wenn die Eisheiligen vorbei waren, die Leute Bohnen pflanzten und Pfingsten vor der Tür stand, beschäftigte sich meine Mutter mit weitaus größerem Vorhaben. Dann holte sie schon früh morgens, sobald mein Vater zur Arbeit gegangen war, ihr Fahrrad aus dem Keller und fuhr in die Stadt zu Onkel Hermann, mit dem sie einiges zu besprechen hatte.

Onkel Hermann war Malermeister, und wenige Tage nach der geheimnisvollen Unterredung mit meiner Mutter stand er eines Morgens zusammen mit seinem Gesellen und dem zweirädrigen Malerkarren voller Farbtöpfe bei uns vor der Tür.

Dann hatte er es eilig, denn bevor mein Vater von der Arbeit zurückkam, mußte er mit allem fertig sein, so war es mit meiner Mutter abgesprochen.

Diesmal war die Küche dran. Gardinen wurden abgenommen und die Möbel von den Wänden gerückt. Um den schweren Küchenschrank leichter schieben zu können, legte man Speckschwarten unter die Ecken.

Die alten Tapeten verbrannte meine Mutter im Hof und ging dem Maler auch sonst zur Hand. Tapeziertisch und Leiter und der Geruch von Farbe. Mit dem großen Quast strich der Geselle den Kleister auf die Tapetenbahnen. Auch Onkel Hermann hatte es eilig und bemerkte nicht, wenn ich ihm Kitt klaute. Es war weich und formbar, roch nach Leinöl und war die Knetmasse unserer Zeit. Künstler unter uns konnten Tiere daraus formen, ungeschicktere Hände rollten ihn nur zu Würsten aus. Kitt war begehrt unter den Kindern, gleichermaßen bei Mädchen und Jungen, und die Maler mußten einen Schwund durch Diebstahl einkalkulieren. Ich bin sicher, daß sie dies auch augenzwinkernd taten, wenngleich sie stets lauthals über die dreisten Diebe schimpften. Mußten wir aber unsere Hände vorzeigen, und der Maler roch daran, so war man unweigerlich überführt.

Onkel Hermann schaffte es immer, mit seiner Arbeit vor Feierabend fertig zu sein und half meiner Mutter noch dabei, die Möbel wieder hinzurücken; diesmal aber an einen anderen Platz. Meine Mutter liebte es nämlich, die Konstellation ihrer Möbel von Zeit zu Zeit zu verändern; wo vorher der Tisch gestanden hatte, breitete sich nun das Sofa aus. Nur der Küchenherd mußte durch seine Abhängigkeit vom Schornstein sehr zum Leidwesen meiner Mutter immer am gleichen Platz bleiben.

Dann kam mein Vater nach Hause, trat in die Küche, sah schmunzelnd umher, sah auch die Möbel und meinte nur: "No, bis diu oll wuier ümmetuargen?" Das war sein einziger Kommentar.

Einmal hatte Onkel Hermann unser Treppengeländer gestrichen. Doch schon am nächsten Tag mußte er wiederkommen, denn ich hatte auf die frische Farbe gefaßt, ein Umstand, der allen frischgestrichenen Treppengeländern widerfährt. Er pinselte mißmutig daran herum und sagte zu mir: "Ick kann pinseln un pinseln, diu packs do doch wuier up."

Doch dann war der Pfingstsonntag da. Die Küchengardinen hingen wieder vor dem Fenster, und meine Mutter hatte ihren Arbeitstisch in die Ecke gestellt und mit einer Leinendecke zugehängt, auf der blaue Windmühlen und blaue Mädchen mit Zöpfen und Holzschuhen abgebildet waren.

Auf dem Tisch stand der Pottkuchen und vor der Tür der maiengrüne Birkenzweig, den mein Vater aus dem Holze geholt hatte. Sein junges Grün umrankte die Tür und reichte hinauf bis zu dem Nest, das dicht unter der Dachtraufe an die Hauswand geklebt war. - Zeit der Schwalben.

Auf dem Holzplatz

Als ich später einmal erfuhr, daß man im Mittelalter in manchen Gegenden Deutschlands das Pfingstfest "Hohenmaien" nannte, mußte ich unwillkürlich an die hochaufragenden hellen Blütenkerzen der Kastanien denken, die einst den alten Holzplatz nach Süden zu den Wiesen hin abgrenzten. Es waren imponierende Bäume und ihre Blütenpracht eine Augenweide im Mai.

Anders verhielt es sich mit dem alten schorfigen Apfelbaum, der hinter dem Stapel Bretter in der Ecke des Platzes stand. Seine kümmerlichen Früchte waren wirklich ungenießbar. Sie schmeckten "hölkensauer" (Hölke = Wildäpfel) und waren steinhart. Nur als Wurfgeschosse konnte man sie gebrauchen.

Am Eingang des Platzes aber stand eine riesige alte Blutbuche. Wenn sie im Frühjahr ihre Abermillionen roter Blätter entfaltet hatte, war sie nicht mehr zu übersehen und diente als Richtpunkt schon von weitem.

In ihre Rinde waren Herzen eingeschnitzt, junge und alte, vernarbte Schnittstellen, eine Chronik eigener Art. Manch einer fand hier schon die Initialen seiner Eltern. Die Liebesgeschichte der Umgebung als Holzschnitt sozusagen. Was ist ein Menschenleben gegen das einer Buche.

Zwischen diesen Bäumen nun lag der Holzplatz. Ganze Stämme verschiedener Baumarten, darunter auch solche aus Übersee, waren zu riesigen Haufen aufeinandergestapelt. Einige hatten einen gewaltigen Durchmesser, und ihre Querschnitte trugen Zahlen, seltsame Zeichen und Markierungen, die wir nicht entziffern konnten.

Auf der Suche nach geeigneter Rinde für Schnitzereien kletterten wir auf den Stämmen umher. Verlor man dabei aber sein Taschenmesser, so war es für immer "verschütt", es sei denn, man wartete auf den Tag, da die Stämme abgeräumt wurden. Doch das konnte Jahre dauern, und inzwischen war das Messer längst verrostet.

Ja, was unter den Stämmen lag, war wohl verwahrt und gut versteckt. Das wußten auch die vielen Wildkaninchen, die unter dem Holze ihre Baue hatten. Hier fühlten sie sich geborgen, und sie waren bei ihrer sprichwörtlichen Fruchtbarkeit auch die eigentlichen Herrscher des Holzplatzes. Überall flitzten sie umher, alte und junge, kaum größer als eine Männerfaust. Doch sobald jemand das Gelände betrat, waren sie blitzartig verschwunden.

Manchmal legte sich der Besitzer des Sägewerks mit der Flinte auf die Lauer oder stellte Fallen, aber er hatte wenig Erfolg damit, die Kaninchen waren zu schlau. Nur dann und wann holte sich der Marder ein Junges.

Von Sonnenauf- bis -untergang aber lag das Singen des Sägegatters in der Luft, das unablässig von dem großen alten Schuppen herüberklang. Riesige Stämme wurden zerlegt wie längsgeschnittene Würste, und stundenlang fraßen sich die Stahlzähne durch das Holz. Draußen wurden die Bretter dann aufgestapelt in derselben Schichtfolge, in der sie aus dem Gatter kamen. Es blieben sozusagen in sich geschichtete Stämme. Zwischen den einzelnen Brettern lagen in gleichmäßigen Abständen Latten, die stets die gleiche Stärke aufwiesen, damit sich das Holz beim Trocknen nicht verzog.

Uns Kinder aber zog der Holzplatz magnetisch an, trotz der Mahnungen der Eltern, es sei gefährlich, dort zu spielen, denn die Stämme könnten ins Rollen kommen. Doch das war nur bei den glatten Fichtenstämmen möglich, die wegen ihrer Langweiligkeit für uns sowieso uninteressant waren.

Hier zwischen den Holzstapeln gab es noch Platz. Damals brauchte man keine Spielplätze anzulegen, für Kinder gab es noch reichlich Raum, auch in der kleinen Welt, in der wir lebten. Versteckspielen zwischen den Stämmen oder "Timpkenschlagen" auf dem großen freien Platz dazwischen.

Aber es gab auch regelrechte Artillerieduelle mit den sauren Äpfeln, wobei die versteckten Stellungen des Gegners hinter den Bretterhaufen unter Feuer genommen wurden.

Dabei hatten wir eine neue ballistische Technik entwickelt. Wir schnitten uns Stöcke vom Haselnußbusch hinter dem Sägewerk. Die wurden an einem Ende mit dem Taschenmesser angespitzt. Nun konnte man die Äpfel damit aufspießen und sie mit der Hebelwirkung des Stockes in das feindliche Lager schleudern. Die Schüsse gewannen dadurch an Brisanz, wenn auch nicht an Treffsicherheit.

Leider machten wir den Fehler, diese Methode mit nach Hause zu nehmen. Wir verschossen die grünen "Tomatenfrüchte" der Kartoffeln damit und später auch die Kartoffeln selbst. Da nahmen uns unsere Eltern die neue Waffe ab und zerbrachen die Stöcke.

Aber auch mit Murmeln, die wir "Knicker" oder "Knippkugeln" nannten, konnte man gut auf der glatten Fläche des Holzplatzes spielen; oder "Messerstechen".

Dabei wurde zwischen zwei Markierungen ein Taschenmesser mit der Klinge in die Erde geworfen und über die Einstichstelle eine Linie zwischen den beiden Punkten gezogen. Beim zweiten Wurf versuchte man nahe an die erste Linie heranzukommen, damit die Brücke, die die beiden Linien dann bildeten, möglichst schmal wurde. Nun mußte der Gegenspieler versuchen, diese Brücke mit einem Messerwurf zu treffen. Gelang ihm das, durfte er sie wegwischen und nun seinerseits eine bauen. Wenn nicht, so konnte der erste Spieler fortfahren, eine weitere Brücke zu schaffen. Das Spiel dauerte meist Stunden und wurde oft nur beendet, wenn das Messer auf einen Stein traf, wo es dann unter Funken abbrach. Oder wenn es zu dunkeln begann.

Denn wenn die Schatten länger wurden, spätestens aber, wenn die ersten Fledermäuse über den aufgehenden Mond huschten, mußte man sich doch auf den Heimweg machen.

Unsere Mütter sahen die harzverklebten Hände und schimpften: "No, sen ji wuier bui de Sagemührlen wiarn?" Eigenartigerweise sagten sie immer Sägemühle, obwohl das Gatter nie durch ein Mühlrad angetrieben worden war.

In den Wiesen

Zwei Dinge gab es, die den Bauern Borgmeier immer wieder ärgerten, wenn er an seiner Wiese vorbeikam. Das eine war der Starkstrommast der Überlandleitung, das andere die vielen Maulwurfhaufen.

Für den Mast, dessen gewaltige Stahlkonstruktion selbst noch den nahen Wald überragte, hatte er vom Elektrizitätswerk Geld bekommen, viel Geld, wie manche Leute wußten; aber das hatte er vergessen. Er hatte es eingesteckt, schimpfte nun aber ständig, wenn er den Eisenmast sah. In Wut geriet er geradezu, wenn er bei der Heuernte mit seiner Mähmaschine um das "Gestell", wie er es nannte, herumfahren mußte. Er war ein Twasbraken (Querkopf).

Auch der Holundersämling, der auf dem Grunde inmitten des eisernen Käfigs inzwischen zu einem stattlichen Busch herangewachsen war, wurde in seinen Ärger einbezogen. Er war ihm mit der Axt zuleibe gegangen, hatte sich aber dann beim Herausziehen der Zweige so in der Eisenkonstruktion des Mastes verheddert, daß er den Holunder fortan in Ruhe ließ. Der hatte neu ausgetrieben, und jedes Jahr, wenn der Wiesensommer ins Land kam, leuchteten seine weißen Blütendolden über der mittagsblauen Weite, und von seinem höchsten Zweig sang die Goldammer über das wogende Gräsermeer.

Die Maulwurfshaufen aber schleifte Borgmeier immer, als seien es kleine Festungen. Sobald der Winter vorbei war, spannte er ein Pferd vor eine umgedrehte Egge und fuhr damit auf der Wiese umher, alles mit grimmigem Gesicht dem Erdboden gleichmachend. Seine schwarzen Minenarbeiter werden sicher nur darüber gelacht haben. Los wurde er sie auf diese Weise nicht, sie wühlten neue Erdhaufen, und bei der nächsten Heuernte bissen die Zähne der Mähmaschine doch wieder hinein. So war es in jedem Jahr. Auch das stärkste Fluchen half nichts dagegen.

Jedesmal aber, wenn im Frühjahr die Maulwürfe wieder aktiv wurden, erwachten auch die Frösche aus ihrem Winterschlaf, und bald fand man ihre glitschigen Laichklumpen in den Seitengräben und hinter der Wiese in den alten stillgelegten Rötekuhlen, in denen früher der Flachs stinkend vor sich hin faulte.

Enten, die quarrend im Tiefflug über die Wiesen strichen, fielen in die Gräben und Kuhlen ein und räumten auf unter den vielen Eiballen, aber es blieben genug übrig für eine neue Froschgeneration. Zugvögel rasteten in der Wiesenfrühe auf dem eisernen Starkstrommast, und während die Welt noch schlief unter dem Tau der Nacht, stand schon der Graureiher an dem kleinen Tümpel, dahinten, wo das wilde Bruch beginnt, und wo der Boden so sauer ist, daß nur noch Riedgräser und Binsen dort wachsen.

Aber mit den Blumen am Bach, den Lichtnelken, dem Hahnenfuß und der Minze kam der Sommer und wehte auch über die Wiesen. Ein gelbes Löwenzahnmeer und dann die Tage der Pusteblumen. Die Gräser blühten und Millionen Insekten lebten in der grünen Welt der Halme; und wenn wir barfuß durch die Wiesen liefen und dem Bauern das Gras zertraten, hörte sich ihr Summen an wie der Gesang der Welt. Borgmeiers Schimpfen und Drohen aber holte uns immer wieder zurück in die Wirklichkeit. Kriegen konnte er uns allerdings nicht, auch wenn er seine Holzschuhe hinter sich warf und uns in Socken nachlief.

Wir verstanden seine Aufregung auch nicht so recht, da hätte er im letzten Jahr mehr Grund gehabt zum Schimpfen, als wir ihm einen Heuhaufen angezündet hatten. Aber er hat nie herausgekriegt, wer es war.

Oft verharrten wir auf unseren Streifzügen schweigend und staunend. Ein Reh im hohen Gras, schmal und schön. Später habe ich einmal gelesen, Rehe seien wie Herzklopfen. Nun, es stimmt; wir spürten unser Herz im Halse schlagen, während wir den Atem anhielten. Aber dann veschwand die

Ricke mit hohen Sprüngen im nahen Holze, und wir waren wieder die Sioux im hohen Präriegras.

Mit dem Duft des Mädesüß begann die Heuernte. Schnaubende Pferde, die wegen der Fliegen den Kopf ständig hin- und herschlugen, zogen die kleine Mähmaschine, auf derem eisernen Sitz der Bauer auf- und abschaukelte. "De Burschen hät oinen dat ganze Gräs votrompelt", knurrte er jedes Mal, wenn er einen unserer Trampelpfade entdeckte.

Das Gras fiel in breiten Schwaden und dörrte nun in der heißen Junisonne. Frauen mit hölzernem Rechen wendeten es am nächsten Tag, und abends wurde es zu kleinen Haufen zusammengeharkt. Und wieder lag es ausgebreitet in der Sonne und duftete nach Sommer. Weiße Wolkentürme. Es würde sicher ein Gewitter geben. Und wieder mußte das Heu zusammengeholt werden.

Aber das Gewitter kam nicht. Ein Liebespaar ging eingehakt den Grasweg entlang und wartete auf den gelben Wiesenmond. Sie setzten sich in einen der Heuhaufen, und der Kuckuck rief darüber hin.

Wir aber gingen und hatten anderes im Sinn. Nein, wir wollten nicht wieder Heuhaufen anzünden. Heu brennt zu schlecht, es sei denn, der Wind fährt hinein, aber heute rührte sich fast kein Lüftchen.

Wir warteten, bis das Liebespaar weitergegangen war, dann warfen wir die mühsam zusammengeharkten Heuhaufen wieder auseinander. Es war richtig ein Stück Arbeit, und als wir alles geschafft hatten, schwitzten wir tüchtig, und unter dem Hemd juckte das Heu.

Eine geleistete Arbeit schafft immer Befriedigung, und so zogen wir frohgelaunt nach Hause. Der Sommerwind schlief ein hinterm Holze, und wir hörten die Grillen zirpen.

Am Schuttplatz

Wenn ich heute daran zurückdenke, es muß wohl Schwefelsäure gewesen sein. Die Flasche, die unter dem Blecheimer lag, und die wir zufällig entdeckten, als einer von uns mit dem Fuß gegen das verrostete Gefäß trat.

Sie hatte uns neugierig gemacht. Der Verschluß war leicht zu öffnen, aber dann hatten wir wohl unvorsichtig damit hantiert, und etwas von der Flüssigkeit war uns über die Hose gelaufen. Und die begann nun, sich aufzulösen, es war kaum zu fassen, was sich da vor unseren ungläubigen Augen abspielte, aber die Löcher waren zuletzt größer als der Rest der Hose. So etwas hätten wir nicht für möglich gehalten.

Aber das maßlose Erstaunen wich immer mehr der Besorgnis. Denn irgendwann mußte ich ja mit diesem Hosenüberbleibsel nach Hause. Doch ich hatte Glück. Der Anblick der Textilreste muß für meine Mutter so schrecklich gewesen sein, daß sie völlig sprachlos dasaß und nach Luft schnappte. Als sie sich endlich wieder gefunden hatte, war der größte Teil des Zornes wohl schon verraucht, denn sie konnte nur noch fast flüsternd hervorbringen: "Diu gois mui nich mär innen Schutt. Dat was dat leste Moal."

Nun, es war nicht das letzte Mal, und es war auch nicht die letzte Flasche, deren Inhalt wir neugierig untersuchten. Dazu war es zu interessant auf dem Schuttplatz hinter dem Brink, der uns immer wieder magisch anzog. Und dahinter erstreckte sich die Brennesselprärie, ein wildes Ödland voller Verlockungen und Möglichkeiten.

Immer wenn ein Wagen mit Abfällen den Brink heraufkam, liefen wir zum Schuttplatz. Manchmal war es Pferdefuhrwerk, aber meist zog nur jemand seinen Bollerwagen mit Gartenabfällen die Straße hinauf. Das war dann uninteressant für uns.

Doch es kollerten auch andere Dinge den Schutthang hinab, weggeworfene Gegenstände, die unsere Aufmerksamkeit erregten und die wir einer näheren Untersuchung für wert hielten. Pappkartons, Dosen und Schachteln verschiedener Art, alte Farbtöpfe, verrostete Ofenrohre, Kinderwagengestelle, Wäscheleinendraht und löcherige rostige Mittagspötte. Heute kann ich es kaum verstehen, wie weit gefächert damals unsere Interessen waren. Viele Stunden am Tage kletterten und stöberten wir unermüdlich in all dem Gerümpel herum, wohl ein wenig in der Hoffnung, einmal würde uns der große Fund gelingen. Nur die Ratten übertrafen uns noch an Aktivität, und das schwarze Gelichter der Krähen, die sofort von der Schutthalde Besitz ergriffen, sobald wir das Gelände geräumt hatten.

Pappkartons; soweit sie noch halbwegs ganz waren, dienten uns als Schlitten. Wir schleppten sie zum Brink, setzten uns hinein und rodelten damit die Böschung hinunter, immer wieder, und wir merkten gar nicht, wenn die Pappe durchgescheuert war und wir schon auf dem Hosenboden rutschten, der dann allmählich begann, sich grün einzufärben. Auch zum Budenbauen waren die Kartons geeignet. Kunstvolle architektonische Meisterwerke entstanden hinter dem Haselnußbusch, in dessen Zweigen wir hockten, nach eventuellen Angreifern Ausschau haltend. Die größte Bedeutung der Pappe aber lag in ihrem Wert als Brennmaterial.

Feuer auf dem Schuttplatz; Rauchschwaden zogen den Hang hinauf, verbreiteten sich über die Straße und drangen in die Häuser. Fortwährend brannte es irgendwo auf dem Schutt, und die Leute schimpften über den Gestank, besonders wenn wir Teerpappe mit verfeuerten, die man ja auch überall auf dem Platz reichlich vorfand. Dann wurde der Rauch so schön dunkel, und alles sah viel gewaltiger aus, auch die Drohgebärden der Anwohner. Ja, die Feuer waren das größte Ereignis auf dem Schuttplatz.

Doch wir nutzen diese Energie aus der Pappe auch zweckgerichteter, nämlich zum Bleischmelzen.

Wenn man etwa fünfzig Meter die Böschung an der Westseite der Brennesselprärie entlanglief, kam man zu dem überwachsenen stillgelegten Unterstand des alten Schieß-standes. Dahinter war einst eine Betonmauer als Kugelfang errichtet worden, und vor dieser Mauer lagen nun noch die vermoderten Reste alter Baumstämme aufgestapelt, in die das Blei eingeschlagen war.

Mit Taschenmessern und Drahtenden aus dem Schutt gruben wir nun wie ein Erzsucher in dem morschen Holz herum auf der Suche nach den alten deformierten Bleige-schossen. Allmählich füllten sich die Blechdosen, und die Goldsucher in Klondike werden kaum eifriger bei der Arbeit gewesen sein.

Auf einer Feuerstelle aus Steinen wurde das Blei im Schutt geschmolzen und auch zu Barren gegossen, zu runden aller-dings, denn als Form benutzten wir leere Schuhcremedosen.

Erzverhüttung erfordert die Konstruktion von Hochöfen. Einmal bei der Arbeit, kannte unsere architektonische Phan-tasie keine Grenzen.

Eindrucksvolle Gebilde von Feuerstellen entstanden - aus dem Material des Schuttplatzes. Mehrere Einkochtöpfe ohne Boden wurden übereinandergetürmt und obendrauf noch mit einem rostigen Ofenrohr versehen, das Ganze durch Draht-verspannungen im Boden gehalten. Natürlich waren das keine Schmelzöfen mehr, die Idee hatte sich verselbständigt, und die Feuerschlote wurden reine Prestigeobjekte.

Geheizt wurde mit Pappe und Teerpappe, vor allem aber mit den alten Farbtöpfen, die zwar schwerer zu entzünden waren, dann aber um so herrlicher stanken. Einem Umwelt-schützer von heute hätten die Haare zu Berge gestanden.

Kam aber Wind auf, dann hatten wir Zug im Ofen. Es heulte und prasselte, und die Pötte und das Rohr wurden glühend. Funken flogen durch die Luft, und die Leute schimpften und riefen sich zu: "De Blagen sticket oinen no dat Hius ürbern Koppe an."

Ja, es waren große Tage, damals auf dem Schuttplatz.

58

In der Sandkuhle

Von hier stammte der Sand für alle Neubauten in der
Umgebung. Die Wagen mit den kräftigen Pferden
davor rollten über die Chausseen und brachten ihn zu den
Baustellen. Aber auch wenn man einen großen Kieselstein für
den Kumstpott brauchte, holte man ihn aus der Sandkuhle.

Erna Südhölter hatte eine Zigarre mitgenommen, und
deshalb half ihr ein Arbeiter beim Aufladen. Einen schönen
runden Stein hatte er für sie zurückgelegt, und nun zog Erna
ihren Bollerwagen zufrieden nach Hause.

Immer wenn es bergauf ging, rollte der Stein über den
Wagenboden bis vor das hintere Schüttbrett, bergab dagegen
kullerte er nach vorn. Vielleicht hießen die Bollerwagen
deswegen bei uns auch Kullerwagen.

Die Steine aber waren uralt und weitgereist. Vor Jahrtau-
senden hatte sie das Eis aus Schweden mitgebracht, und
seitdem lagerten sie in der lehmigen Deckschicht über den
Sandbänken. Diese mußte nun erst abgetragen werden, um
an den Sand zu gelangen. Dabei fielen die Kieselsteine
heraus und kullerten auf den Grund der Grube. Und da lagen
sie dann, vom Regen sauber gewaschen, am Fuße der Sand-
hänge zwischen dem Huflattich.

Nun gehört es eigentlich nicht zu den Aufgaben eines
Sandgrubenbetriebes, die Leute der Gegend mit Steinen für
ihre Kumstpötte zu beliefern. So blieb es auch mehr ein
Nebengeschäft für die Arbeiter, die sich manchmal eine
Zigarre oder einen Schnaps verdienen wollten.

Nein, die Hauptsache war der Sand.

Er lag hier in mächtigen Bänken, von dünnen Schichten
feinkörnigen Kieses unterbrochen, und oben mit einer Lehm-
schicht überdeckt. Metertief hatte man sich schon hineinge-
arbeitet in den Eiszeitsand, und nun ragten die Seitenwände
der Grube steil empor, rutschten hier und da ab, so daß am
Fuße der Wände überall lockere Sandhaufen lagen. Es war nicht

ganz ungefährlich, hier zu arbeiten; man hätte leicht verschüttet werden können, wenn die Sandmassen herabkamen.

Oben in der festeren Lehmwand aber brüteten die Uferschwalben. Schreiend flogen die Vögel ununterbrochen über der Sandkuhle umher und schossen dann und wann in eines der vielen Löcher in der Wand. Über ihnen blühte der Rainfarn, und unter ihren kunstvollen Flugspielen arbeiteten die Männer mit der Sandschaufel.

Zu allen Abbaustellen führten schmale Feldgleise, auf denen die Loren leicht hin- und hergeschoben werden konnten; die vollen an die Aufzugrampe, die leeren zurück an den Füllort. Es war eine harte Arbeit, sich mit der Schaufel durch diese Sandmassen zu graben.

Zuerst hatte sich ja alles nur auf der Ebene abgespielt, aber je tiefer man kam, desto schwerer war es für die Männer, die vollen Loren bergauf zu schieben. Eine Rampe wurde gebaut, lang und nur sanft ansteigend. Am oberen Ende errichtete man einen kleinen Backsteinschuppen, in dem ein Dieselmotor stationiert wurde. Aus dicken Bohlen entstand eine hölzerne Schütte, unter die man mit Pferd und Wagen fahren konnte.

Die vollen Loren wurden an das Seil geklinkt, Kupplung, und dann brummte der Motor in einer tieferen Tonlage. Meter um Meter glitten die eisernen Sandwagen nach oben. Auf der Schütte wurden sie gekippt, und dann rutschte und rauschte der Sand in Gustav Elbergs Kastenwagen, und die beiden dicken Belgier scharrten schon ungeduldig mit den Hufen.

Ja, in der Sandkuhle herrschte Betriebsamkeit, Tag für Tag, Jahr um Jahr. Viele Jahre.

Doch eines Tages standen alle Räder still, wie man so schön sagt. Die Arbeiter verließen die Kuhle, und es wurde kein Sand mehr abgebaut. Warum der Betrieb eingestellt wurde, haben wir nie erfahren, und wirtschaftliche Zusammenhänge durchschauten wir noch nicht.

Im nächsten Jahr waren die Gleise der Feldbahn verrostet und

60

schon mit Huflattich überwachsen. Niemand kümmerte sich mehr um die Sandkuhle, nur der Dieselmotor in dem Backsteinschuppen wurde ausgebaut und abtransportiert. Pappelsämlinge und Brombeerranken eroberten das Gelände zurück.

Als das Grundwasser eindrang und sich am Fuße der Rampe ein flacher Teich gebildet hatte, in dem es im Frühjahr bald vor Pillepoggen (Kaulquappen) nur so wimmelte, entdeckten wir die aufgelassene alte Kuhle.

Wir rutschten die Hänge hinab und versuchten, wieder hinaufzuklettern, ein fast unmögliches Beginnen, denn unter unseren Füßen gab der Sand nach, und während unsere Beine wie Pleuelstangen arbeiteten, kamen wir kaum einen Zentimeter aufwärts.

Das Springen von den Hängen war nur halb so gefährlich, wie es aussah. Von oben erschien zwar alles furchterregend hoch, aber wenn man den Mut aufbrachte und sprang, landete man unten in der schrägen Sandhalde, die nachgab, und in derem Rutschen man dann sanft aufgefangen wurde.

Das weitaus größte Vergnügen aber bereitete doch das Fahren mit den alten Loren - besonders, wenn es bergab ging. Mit vereinten Kräften und letzter Kraftanstrengung versuchten wir, die eisernen Wagen ein Stück die Rampe hinaufzuschieben. Dann wurde ein Stein vor ein Rad gelegt. Alle stiegen auf, bis auf einen, der den Stein zur Seite stoßen mußte. Nun donnerte die Lore auf der abschüssigen Bahn hinab und fuhr zischend durch den Teich, mitten durch die Pillepoggen. Das Wasser spritzte nach allen Seiten, und wir wurden nicht einmal naß dabei.

Mit den Jahren aber rosteten die Gleise und Loren vor sich hin im Schnee vieler Winter. Es wurde nie wieder Sand abgebaut, und bald sammelte sich in dem öden Gelände allerlei Gerümpel an.

Nur Kieselsteine für Kumstpötte konnte man weiterhin von hier beziehen. Eine Zigarre brauchte man aber auch nicht mehr mitzubringen.

Auf der Milchbank

Es war keine bäuerliche Genossenschaft; nein, die Milchbank bestand aus zwei in die Erde gegrabenen Pfählen, über die man eine dicke Bohle gelegt und festgenagelt hatte.

Zu dieser Bank brachten die Kuhbauern, wie man hier die kleinen Landwirte ohne Pferde nannte, morgens in aller Herrgottsfrühe ihre vollen Milchkannen und stellten sie auf das Brett. Wenig später kam dann das Molkereiauto vorbei und nahm die Milch mit. Wer an heißen Sommertagen mit seinen Kannen zu spät dran war, hatte mittags Plundermilch.

In der Regel aber konnte der Bauer noch vor dem Essen mit seiner Schiebkarre wiederkommen und die leeren Kannen, die der Fahrer des Molkereiautos bei der Rückfahrt auf die Milchbank gesetzt hatte, wieder mit nach Hause nehmen.

Nachmittags war die Bank verwaist, sie hatte nur morgens eine Aufgabe zu erfüllen. Es sei denn, man hatte die Kannen vergessen. Dann konnten wohl Schuljungen vorbeikommen, die mit einem Knüppel an die leeren Milchbehälter schlugen, daß es weithin die Straße hinabklang. Sie hoben auch schon mal den Deckel an und sahen in die Kannen, spuckten oder warfen einen Apfelmümmel hinein.

Meist aber saßen wir auf der leeren Bank und baumelten mit den Beinen. Die Tornister lagen neben uns, und der leichte Mittagswind wehte die Knäuelgräser um unsere Waden. Das letzte Butterbrot, für das wir in der Schulpause keine Zeit gehabt hatten, teilten wir mit den Spatzen, die sich über eine Abwechslung von der ewigen Pferdeäppelkost zu freuen schienen.

Interessant war es hier immer, und es gab vielerlei zu sehen, was auf der abschüssigen Straße hinauf- und hinabfuhr. Am Himmel aber segelten die Schwalben und kümmerten sich um nichts, und im Graben lagen immer noch die Teerfässer und rosteten vor sich hin.

62

Aber die Chaussee war wieder wie neu. Der beißende Qualm des Teerofens lag tagelang zwischen den alten Linden am Straßenrand, die Schlaglöcher wurden mit Teer ausgespritzt und mit Split gefüllt. Dann kam die Dampfwalze, ihre Pleuelstangen blitzten in der Sonne.

Nun hatte es der Straßenwärter etwas einfacher, er brauchte nicht mehr so viel an den Schlaglöchern herumzuflicken, konnte ein wenig länger frühstücken. So saß er denn auf dem weißen Stein an der gegenüberliegenden Straßenseite unter dem Lindengrün und hatte seine Mütze in den Nacken geschoben. Sein rostiges Rad lehnte am Baum, in dem schon die Spatzen auf das Ende seines Frühstücks warteten.

Die Radfahrer fuhren nun keine Schlangenlinien mehr um die Schlaglöcher herum, und die leeren Pferdewagen bollerten nicht mehr so, wenn sie vom Brink herunterkamen. Nein, der Verkehr lief reibungsloser, seit die Straße wieder neu war. Auch der Bierwagen rollte nun leichter, aber die beiden kräftigen Pferde davor nickten immer noch bei jedem Schritt mit dem Kopf, wenn sie die schweren Fässer bergauf zogen. Wir aber hockten auf der Milchbank, die baumelnden Beine zwischen den blühenden Gräsern, und ließen die Welt an uns vorüberziehen.

Manchmal sprangen wir ab und liefen ein Stück die Straße hinunter, dem Lastwagen von Niehaus & Berger entgegen. Wenn der voll beladen war und auch noch einen Anhänger mitführte, mußte der Fahrer jedes Mal am Beginn der Steigung zurückschalten. In dem Moment stand das Fahrzeug fast, und es war ein Leichtes, auf den Hänger zu klettern. Dann ließen wir uns mitnehmen bis oben auf die Höhe und sprangen im geeigneten Moment wieder ab. Nur der Fahrer durfte nichts davon merken.

Seit einiger Zeit aber lag nun gegenüber unserer Milchbank eine Baustelle, die unsere Aufmerksamkeit auf sich zog. Pferdewagen brachten Sand, Steine und Zement. Maurer errichteten Gerüste, eine Grube für den Kalk wurde ausgehoben und Mörtel gemischt, alles war neu und interessant für uns.

Wenn ich heute daran zurückdenke, daß all die Arbeiten ohne Bagger, Aufzug oder Mischmaschine verrichtet wurden, empfinde ich nachträglich Bewunderung für solch eine Leistung. Ich habe es später einmal versucht, einen sogenannten "Vogel" voll Speis auf der Schulter die Leiter hinaufzutragen. Daher weiß ich, wovon ich rede; und ich verstehe heute auch, warum manchmal einer von uns zur Gastwirtschaft geschickt wurde, um einen "Ort" Schluck zu holen.

Ja, die Arbeit der Maurer hier an der Straße gegenüber der Milchbank war schwer, aber einmal haben sie sich gebogen vor Lachen.

Eines Tages kam ein Dreirad-Auto die Straße herab. Diese kleinen Fahrzeuge waren damals weit verbreitet; Zweitakter, die nur das eine Vorderrad antrieben. Sie wurden allgemein ein bißchen belächelt, und wenn sie anfuhren, konnten zwei kräftige Männer sie wohl festhalten.

Nun war dies wackelige Auto, aus welchem Grunde auch immer, plötzlich von der Fahrbahn abgekommen. Vielleicht hatte die Lenkung versagt. Jedenfalls fuhr es mitten zwischen die beiden Pfähle des A-Mastes hindurch, der neben der Milchbank stand. Dem Fahrer war nichts passiert, nur das Fahrzeug war an seinen Aufbauten oben links und rechts ein wenig eingedrückt, hatte sich sozusagen der Form des A - Mastes angepaßt. Der Fahrer stand ziemlich bedeppert da, aber die Maurer halfen ihm, den Wagen wieder auf die Straße zu bringen, betrachteten dann seine neue Form und brachen in schallendes Gelächter aus. "Foier doch noch mol do du-ier", rief einer von ihnen, "dat goit niu biarder, niu hävve dat richtige Fasson!"

Ja, nun hatte der Wagen die richtige Fasson. Aber die Milchbank hatte er auch mit umgefahren.

Am Brunnen

Unser Brunnen ist für mich verbunden mit der Erinnerung an ferne frühe Sommer, obwohl keine Prinzessin kam, die den Froschkönig auf dem Brunnenrand durch einen Kuß erlöste.

In unserem Brunnen gab es keine Frösche; dazu war er zu tief; fünfzehn Ring, und wenn ich als Kind über den Rand schaute, flößte mir das dunkle Wasser in der unheimlichen Tiefe Angst ein.

Hinter dem Brunnen wuchs ein großer Fliederbusch, der zur Freude meiner Mutter über und über mit liladuftenden Blütentrauben bedeckt war; und unter dem blühenden Strauch lag der Sandhaufen, in dem wir in früher Zeit Kuchen backten.

Wasser dazu holten wir uns in alten Konservendosen aus der Regentonne, und wenn die im glutenden Sommer manchmal leer war, pinkelten wir auch in den Sand. Die Nachbarin, die das über den Zaun gesehen hatte, rief dann entrüstet: "Noa, ji Fiakel!"

Aber der Bärenklau, der unmittelbar am Brunnenring wuchs, gedieh prächtig davon. Er reckte seine weißen Blütendolden in die Sonne, und während außerhalb des Zaunes die große Welt vorüberzog, hielt der Sommer hinter unserem Brunnen seinen Mittagsschlaf. Nur die Spinnen huschten flink über den Aschenpatt.

Dieser Patt war im Laufe der Jahre aus der Asche vieler Winter entstanden. Die fiel im Küchenherd durch den Rost in den Aschenkasten, der dann von Zeit zu Zeit im Hof entleert wurde, immer ein Stück weiter. So entstand allmählich ein fester Weg, ein Aschenpatt, der vom Hause zum Brunnen führte.

So konnte man nun bei jeder Witterung trockenen Fußes zum Wasserholen gehen. Das war oft erforderlich, denn der Eimer, der auf der Wasserbank in der Küche stand, blieb nie lange gefüllt. An seinem Rand hing ein "Dieger", eine Art Schöpfkelle, und besonders an heißen Sommertagen stürmten wir oft erhitzt und durstig in die Küche, tauchten den Dieger in den Eimer und tranken hastig von dem erfrischenden Naß aus der kühlen Tiefe.

Es schmeckte köstlich, und zu den Erinnerungen an meine Kindheit gehört unvergeßlich der Geschmack des Wassers aus unserem Brunnen. An besonders kalten Wintertagen aber war das Wasser im Eimer oft von einer dünnen Eisschicht überzogen, die man dann erst mit dem Dieger durchschlagen mußte, bevor man trinken konnte. "Diu sos dat käole Water nich drinken", schimpfte meine Mutter, "diu wäs krank dovan."

Nun, ich erkrankte nicht, ich wuchs und wurde größer, und bald gehörte es zu meinen Aufgaben, Wasser aus dem Brunnen zu holen. Dann lief ich mit dem leeren Eimer klappernd den Aschenpatt entlang, hängte ihn in die eiserne Federklammer und ließ das Drahtseil abrollen. Der Dreher wirbelte wie verrückt durch die Luft, der Eimer sauste in die Tiefe, wo er dann klatschend aufs Wasser schlug.Eigentlich sollte ich mit der Hand schleifend die hölzerne Welle abbremsen oder den Eimer an der Kurbel drehend hinablassen, aber das war zu uninteressant; genügte es doch, daß ich den vollen Eimer langweilig und mühevoll wieder nach oben winden und dann ins Haus schleppen mußte. Da sollte doch wenigstens die Talfahrt ein wenig Spaß machen.

Nun konnte es zwar geschehen, daß der Eimer die rasante Abfahrt nicht gut überstand. Dann lag er unten im Säot (Brunnen), und die Kurbel drehte leer. In diesem Fall wurde ich unter Schimpfen für einige Tage meiner Aufgabe als Wasserholer entbunden, wegen mangelnder Eignung.

Abends aber beugte sich mein Vater dann über den Brunnenrand, in der Hand einen Strick, an dem eine Forke mit krummgebogenen Zinken baumelte. Mit diesem Suchgerät zog er durch das Wasser, immer wieder hin und her, bis sich

66

eine der krummen Forkenenden am Henkel des Zinkeimers verfing. Nach dieser bewährten Methode hat mein Vater stets alle abgerissenen Wassereimer wiederbekommen.

Der Aschenpatt aber führte nicht nur zum frischen Wasser. Manchmal bekam ich auch einen alten Korb mit auf den Weg. Dann sollte ich Holz holen, denn hinter dem Brunnen standen auch unser Sägebock und der Hauklotz. Hier lag ein Haufen geschlagenes Zwickholz und in der Ecke ordentlich aufgestapelt das gespaltene Stammholz, das ich dann zum Nachtrocknen in den Backofen des Küchenherdes packen mußte.

Ja, vom Brunnen wurden wir mit vielem versorgt, und hier stand auch mein Kaninchenstall. Eine Holzkiste mit Draht davor und mit einer Tür an der Seite, auf vier Pfählen ein Stück über dem Erdboden, damit es dem Unzeug nicht so leicht gemacht wurde.

Täglich zog ich mit dem Drahtkorb und einem alten Küchenmesser los, Löwenzahn zu suchen. Ein Kaninchen frißt ununterbrochen, und manche Leute sagten damals, für drei Kaninchen könne man wohl eine Kuh halten.

Als ich es einmal leid war, den ganzen Nachmittag mit dem Drahtkorb den Grasweg entlangzulaufen, riß ich für meine Tiere einfach das Wurzellaub (Möhrenlaub) im Garten ab. Daraufhin wurde den Kaninchen die hölzerne Wohnung hinter dem Brunnen von meinen Eltern gekündigt. Wenn ich zu faul sei, für Futter zu sorgen, könne ich auch keine Kaninchen halten, meinten sie, außerdem müsse ich im Herbst die Wurzeln aufnehmen.

Die beiden Tiere schenkte ich einem Freund. Der freute sich, denn er ahnte noch nicht, worauf er sich einließ.

Am Brunnen aber wurde eine andere Wohnung neu bezogen. In dem alten Zwetschenbaum, der in diesem Jahr besonders voll geblüht und auch schon reichlich Frucht angesetzt hatte, hing schon seit Jahren eine Gießkanne am unteren Ast. Und eben in dieser Kanne brütete nun ein Rotschwänzchen;

eifrig flogen die Vögel ein und aus, und alle Nachbarn
staunten über die ungewöhnliche Vogelwohnung und hatten
ihre Freude an den munteren Tieren.

Ich aber wartete eigentlich darauf, daß die Rotschwänzchen die Blechwohnung wieder räumten, denn dann konnte
es nicht mehr lange dauern, bis die Zwetschen blau würden.
Reife Süße hinter dem Brunnen. In Hülle und Fülle.

Im Kletterbaum

Die Rinde auf seinen Ästen war blankgescheuert und
abgegriffen und klebte von unseren Klitschfingern.
Eine alte knorrige Hainbuche, nicht sehr hoch, aber unge-
wöhnlich verwachsen mit vielen waagerechten Ästen, so daß
man sie leicht erklettern konnte.

Der Baum stand an der Südwestecke der Krähenhorst vor
dem windstillen Wald. In ihm kletterten wir umher und rissen
uns manchen Blechknopf aus der Hose. Er war unser Treff-
punkt und regte unsere Fantasie an. Träume von Abenteuern,
und vom Ausguck sahen wir die fremden Piratenschiffe
heransegeln. Mittags, als der alte Stein am Fuße des Kletter-
baumes kaum einen Schatten warf, tauchten sie plötzlich auf,
die Schiffe, und nun beobachteten wir ihre Wendemanöver
den ganzen Nachmittag, bis die Sonne nur noch eine Hand-
breit über dem Horizont stand. Sie trauten sich doch wohl
nicht, uns anzugreifen. Allmählich bekamen wir Hunger und
mußten nach Hause. Die fremden Schiffe waren ja nun auch
verschwunden; der Gedanke an das Abendbrot hatte sie aus
unseren Phantasien vertrieben. Nur der Wind lief noch in
Wellen über das Roggenfeld; leergefegte See.

Das alles beobachteten wir von unserer Plattform, die wir
aus alten Brettern auf zwei fast parallel verlaufenden Ästen
errichtet hatten. Sehr vorsichtig waren wir zu Werke gegan-

68

gen. Einzeln und in größeren Zeitabständen wurden die Bretter heimlich von hinten herum durchs Holz getragen, damit der Gegner nicht aufmerksam wurde, wozu wir in diesem Fall auch unsere Eltern rechneten, denen wir ja schließlich die Bretter entwendet hatten.

Hier oben hockten wir dann und beobachteten sorgsam die Umgebung. Jede Bewegung im Gelände wurde registriert, jeder Mann, der Gras mähte, jede Frau, die Erbsen pflückte. Dabei suchten wir uns dann auch schon die geeigneten Obstbäume für die herbstlichen Maßnahmen zur Verpflegungsbeschaffung aus.

Gab es nichts zu vermerken, so saßen wir einfach nur auf den Brettern und sahen auf die wehenden Gräser am Fuße der Hainbuche hinab, horchten auf das Klopfen des Buntspechtes oder lauschten einfach nur auf den Wind.

Hier oben aßen wir unser Butterbrot und die geklauten Feldfrüchte. Und hier tagte auch das Tabakskollegium.

Nun war die Plattform in der alten Kletterbuche eigentlich ein ungeeigneter Platz für unsere ersten Rauchversuche, denn sie hatte kein Geländer, an dem man sich etwa hätte festhalten können, wenn einem vom ungewohnten Rauchgenuß schwindelig wurde.

Doch einem Piraten wird nicht schwindelig, selbst wenn er im Gesicht schon kalkweiß aussieht und er sich vorsichtig über die Reling beugt, als Vorbeugung für den Fall, daß er sich übergeben muß.

Da die meisten unserer Mütter Zigarren in Heimarbeit rollten, kamen wir schon leicht an Tabak heran. Hatten wir aber mal keinen, rauchten wir im Herbst auch schon mal trockene Kartoffelstrünke. Doch der Beginn des Krieges verbesserte in dieser Hinsicht unsere Situation. Der Vater eines Freundes, der selbst nicht rauchte, schickte aus Polen richtige Zigaretten nach Hause, die auf verworrenen Wegen auch in unsere Hände gelangten.

"Ick gloibe, de Burschen schmoiket do buarben", meinte

der alte Engelbrecht, als er einmal unter dem Baum stand, "dat mot ick mol den Scheollaier seggen."

Doch er hat dem Lehrer nichts erzählt, unser Raucherkollegium löste sich aus einem anderen Grunde auf, und daran war ein Vogel schuld.

Als wir eines Nachmittags zu unserer Plattform hinaufstiegen, wir waren mehrere Tage nicht hier gewesen, flog eine Singdrossel schimpfend aus dem Kletterbaum. Irgendetwas hatte sich verändert, das merkten wir sofort, und dann sahen wir auch schon das Nest, in Kopfhöhe über unserer Plattform.

Wir schauten uns zuerst verwundert an, beschlossen dann aber, von dem Nest weiter keine Notiz zu nehmen. Doch das war leichter gesagt als getan; wir konnten nicht mehr in Ruhe auf den Brettern hocken; die stumme Anwesenheit des Vogels, der lauernd um unseren Baum strich, machte uns nervös. Entweder mußten wir das Nest zerstören, oder unseren Platz räumen und vor der hartnäckigen Singdrossel kapitulieren.

Wir spürten Hemmungen, uns an dem Nest zu vergreifen und kletterten erst einmal vom Baum herab. Die endgültige Entscheidung wollten wir morgen treffen. Doch am nächsten Tag blieben wir gleich unten, versteckten uns sogar, damit der Vogel sich herantraute, und beobachteten dann, wie er sein Nest zu Ende baute.

So ging es Tag für Tag, die Singdrossel war eindeutig Sieger geblieben, und als einer von uns nach einiger Zeit doch einmal wieder den Baum erstieg, um neugierig nachzuschauen, lagen vier blaßbläuliche gesprenkelte Eier im Nest.

Unmerklich wurden wir von gegenseitigen Störenfrieden zu Verbündeten, die Drossel und wir. Jeden Tag hockten wir in der Nähe in unserem Versteck und beobachteten das Gelände, immer nach möglichen Gegnern Ausschau haltend, die das Nest plündern konnten. Denn jetzt war es unser Nest.

Als die Jungen geschlüpft waren und die Altvögel zu

70

füttern begannen, bezogen wir immer noch unseren Posten. In den Baum aber kletterten wir gar nicht mehr, und der Tabakrauch in den Zweigen war längst vom Winde verweht.

Als wir dann später einmal wieder auf der Plattform standen und in das leere Nest schauten, war es längst Sommer geworden. Unsere Drosseln sahen wir nicht wieder. Vielleicht hockten sie irgendwo im Laub des sommerdunklen Waldes und beobachteten uns, oder sie waren auf dem Rücken des warmen Windes, der aus den reifen Roggenfeldern kam, weit in das Land geflogen.

An der Bahnstation

Fast gleichzeitig mit dem Heulen der Fabriksirene in dem rostigen Eisenwerk wurden auf dem nahen Bahnhof immer die Abteiltüren zugeschlagen; ein schriller Pfiff aus der Trillerpfeife ertönte, der Fahrdienstleiter hob die Kelle, und der Zug setzte sich in Bewegung.

Das erlebte ich in den Ferien jeden Mittag um zwölf Uhr, wenn ich meinem Vater das Mittagessen an das Fabriktor bringen mußte. Eigentlich nahm er sein Essen in einem "Döppen" (Henkelmann) mit, der dann in der Firma kurz vor Mittag in ein heißes Wasserbad gestellt und aufgewärmt wurde. Leider war es an heißen Sommertagen aber oft passiert, daß ihm in der Mittagspause beim Öffnen des Deckels ein saurer Geruch entgegenschlug. So bekam ich in den Ferien von meiner Mutter eine Tasche ans Rad gehängt und mußte meinem Vater das Essen bringen.

Meist war ich in meiner Ungeduld zu früh da, stellte mein Fahrrad an die alte staubige Mauer neben dem rostigen Fabriktor und wartete auf die Sirene. Der Pförtner lachte mir zu und zeigte auf die Uhr. Auf den bräunlichen Flechten an der Backsteinmauer hatte sich ein Schmetterling niederge-

71

lassen. Dann das langgezogene laute Tuten, das Tor öffnete sich, und wenig später trat mein Vater zusammen mit vielen anderen Arbeitern auf die Straße. Er lachte und freute sich, wenn ich ihm mit dem Essen entgegenkam.

Von den Gleisen der nahen Bahnstation aber hörte man noch das letzte rumpelnde Rollen des abgefahrenen Zuges, bevor es sich in der Ferne verlor. Das Signal hinter dem grüngestrichenen Lattenzaun stand noch hoch und zeigte wie ein Finger in die Weite. Ein Mann nahm einer Frau die Tasche ab, und beide gingen durch die Sperre dem Ausgang zu.

Fast jeden Mittag, wenn ich als Essensbote unterwegs gewesen war, trieb ich mich noch eine Zeitlang am Bahnhof herum, bevor ich wieder nach Hause fuhr. Damals war eine Bahnstation noch bedeutsam, und alle Fäden des Weltgeschehens schienen hier zusammenzulaufen.

Hier waren Menschen Ankommende und Gehende, fanden sich und trennten sich. Freude und begrüßende Umarmung oder ein Händedruck zum Abschied und fröstelndes Lebewohl. D-Züge hielten bei uns nicht, und wenn sie durch die kleine Station rauschten, sahen die Reisenden aus den Fenstern, als starrten sie ins Nichts. Bahnhöfe waren damals auch Haltepunkte des Schicksals.

Das alles war mir aber noch nicht bewußt, ich spürte nur, daß hier ein interessantes Geschehen auf der Lebensbühne ablief.

So kurvte ich denn mit meinem Fahrrad auf dem holperigen Kopfsteinpflaster des Vorplatzes umher, sah mir die Reklame an der Litfaßsäule an, Sarotti-Schokolade mit dem Mohrenjungen und Eckstein-Zigaretten. Fahrzeuge brachten Waren heran, die verladen werden sollten, leise Wagen mit Gummirädern und solche mit Eisenreifen, die laut über die Kopfsteine bollerten. Auf der Verladerampe stapelten sich die Kisten, und in dem Viehwagen quiekten die Schweine.

Das Schrillen des Läutewerks riß mich aus den Gedanken. Aus der Ferne rollte ein Zug heran. Im grauen Schotter unter den Gleisen wuchs spärliches Gras, und hier und da neben

72

den Schwellen blühte das gelbe Habichtskraut. Blumen auf eisernen Straßen. Sie duckten sich unter dem heranrauschenden Zug.

Quietschende Bremsen, zischende Dampfnebel, Türenschlagen, und wieder Abschied. Der kleine Junge neben der Mutter will mitfahren, doch der Vater legt ihm die Hand auf den Kopf: "Du kommst ein ander Mal mit, wenn wir Schweine waschen, dann darfst du die Seife tragen." Das ist so eine Redensart hier, und der Junge scheint zu ahnen, daß aus dem Waschtag wohl nichts werden wird.

Doch das Borstenvieh dahinten, wo die Güterwagen stehen, will wohl auch nicht gewaschen werden. Es ist den Leuten beim Verladen entwischt und rennt nun aus dem Schuppen auf die Gleise zu. Heitere Gesichter der Reisenden, der Abschiedsschmerz scheint für einen Moment vergessen, und auch der Junge wischt sich mit dem Ärmel die Tränen ab und lacht. Doch dann haben sie das Tier in eine Ecke getrieben, und der kräftige Viehhändler hält das quiekende Schwein an den Ohren fest. Der Mann mußte wohl gerade Beine haben, denn mir fiel ein, daß unser Nachbar zu mir gesagt hatte, Leute mit O-Beinen könne man zum Schweinepacken nicht gebrauchen.

So lernte ich an der Bahnstation die Philosophie des Alltags und manch nützliche Lebensweisheit kennen, auch die Möglichkeit, für zehn Pfennig bis zur nächsten Station zu fahren.

Zug, Zug, Zug, Zug Eisenbahn.
Wer will mit nach Köllen fahrn?
Hast kein Geld? Hast kein Geld?
Mußte bleiben in Bielefeld!

So hatten es uns die Mütter vorgesungen, als wir noch auf ihren Knien saßen, aber nun waren wir schon etwas wagemutiger geworden, und wollten doch einmal probieren, ob es nicht ohne Geld möglich war, wenn auch nicht bis Köln.

Von der pulsierenden Geschäftigkeit des Bahnhofs angesteckt, lockte es uns in die Ferne. So hatten mein Freund und ich lange genug am Lattenzaun gestanden und dem Beamten an der Sperre zugeschaut, wie er die Fahrkarten knipste, und nun wußten wir, wie man es machen mußte.

Wir kauften eine Bahnsteigkarte für zehn Pfennig und gingen mit klopfendem Herzen zur Sperre. Den Mann in dem Glaskasten wagten wir gar nicht anzuschauen. Hoffentlich merkte er nicht, daß wir nicht wieder zurückkamen. Das Herzklopfen blieb. Von der Fahrt hatten wir nichts, immer auf der Flucht vor dem Kontrolleur, liefen wir von Wagen zu Wagen und waren froh, als der Zug auf der nächsten kleinen Station hielt. Wir wußten, daß es hier keine Sperre gab, sprangen an der rückwärtigen Seite aus dem Wagen und liefen wie gehetzt über die Gleise davon.

Viele Leute tun etwas, ohne zu wissen, warum. Auf dem langen Rückmarsch zu Fuß hatten wir Zeit, über unseren Ausflug in die große Welt nachzudenken. Die Füße schmerzten allmählich, aber die Genugtuung über das Gelingen unseres Streiches ließ uns alle Beschwerden vergessen. Nur vor dem Mann an der Sperre haben wir uns eine Zeitlang versteckt.

Später habe ich einmal eine Gruppe junger Männer gesehen, die auch nicht bezahlten. Sie hatten etwas zu viel getrunken, lachten und sangen:

> Willst du mich noch einmal se-he-hn,
> mußt du hin zum Bahnhof gehn.
> In dem gro-o-ßen Wartesa-a-al
> ja da sehn wir uns zum allerletzten Mal.

Das war im August 1939.

In der Schule

Es war schon einige Jahre her, da hatten ihm umherziehende Zigeuner eine Geige geklaut. Das Fenster des Klassenzimmers hatte den ganzen Nachmittag offen gestanden, um den Raum gründlich zu lüften. Einer der Fahrenden war hineingestiegen, hatte das Instrument von der Wand genommen und war damit auf Nimmerwiedersehen verschwunden.

Das ärgerte ihn immer noch, obwohl er längst eine neue Geige hatte. Und heute morgen nun bei dem herrlichen Sonnenschein war das Fenster wieder weit geöffnet. Die Mauersegler, die auf dem Sims unter der Dachtraufe der Schule brüteten, umflogen kreischend wie dunkle Pfeile das Gebäude, und ihr schrilles Geschrei mischte sich mit dem Klang der Geige.

Tra - ri - raaa,
der Sommer, der ist daaa.

Plötzlich ein langgezogener quietschender Strich auf einer Geigenseite. Unser Lehrer, Gustav Vornholz, setzte das Streichinstrument ab und hielt sich die Ohren zu. Darauf brüllte er uns an: "Au, ihr singt ja wie Ellermanns Kühe!"

Aber dann wollte er die Dissonanzen herausfinden. Während wir weitersingen mußten, schritt er mit der Geige am Kinn durch die Reihen, wobei er sich zu jedem einzelnen horchend hinabbeugte. Hin und wieder verzog sich sein Gesicht, als habe er Essig getrunken. Der eine oder andere bekam einen Rippenstoß, mir aber legte er die Hand auf die Schulter und drückte mich recht unsanft in die Bank. "Brummer", murmelte er dabei. Das bedeutete, daß er fortan auf meinen Beitrag zum Chorgesang verzichtete.

Trotz meiner Disqualifikation im Singen kam ich in der Schule ganz gut zurecht. Meine Eltern wollten aus mir ja auch keinen Tenor machen, und als ich einmal betrübt nach

Hause kam, wegen meiner schlechten Note im Singen, meinte mein Vater: "Singen briukse nich to kürnen. Wat hässe denn in Riaken"?

Nun, das Rechnen machte mir keine Schwierigkeiten, ich brauchte schon bald nicht mehr zu dem Apparat hinzuschauen, der vorn neben der Tafel stand, und der auf Knopfdruck die einzelnen Finger zweier roter Blechhände hochklappte. Auch die russische Rechenmaschine mit ihren zehn mal zehn verschiebbaren Kugeln nahm ich nur noch selten zur Hilfe.

Die Kenntnis der Buchstaben sollte der Funke sein, der in uns die Fackeln des Geistes entzündete. Aber es war schwierig, sie zu Wörtern zusammenzufügen. Der Lehrer half: "Fege das e!" "Fe!" "Lalle das a!" "La!" So eroberten wir uns langsam und mühevoll das Geheimnis des Wortes.

Das Schreiben der steifen Sütterlinschrift aber schuf neue Schwierigkeiten. Diese waren meist technischer Art. Die spitzen Stahlfedern kratzten auf dem billigen Papier und blieben manchmal hängen; dann gab es einen Klecks. Ein Löschblatt war meist nicht zur Hand, denn die waren schon zerkrümelt und in die Tintenfässer gestopft, damit der Banknachbar beim Eintauchen Fasern an der Feder hängen hatte, die dann beim Schreiben so schön schmierten. Wer bei dieser Tintensabotage erwischt wurde, bekam welche mit dem Rohrstock.

Auch derjenige, der seine Hausaufgaben nicht gemacht, Vogelnester ausgenommen oder zu Erwachsenen frech gewesen war, machte Bekanntschaft mit diesem peinlichen Instrument.

Wir saßen zu viert in einer Bank, hatten Hände und Füße ruhig nebeneinander zu halten und durften beim Aufstehen nicht klappern. In jede Bank waren zwei Tintenfässer eingelassen und eine Rille für den Federhalter eingefräst. Manchmal lag hier morgens ein Zigarrenstummel, dann hatte der Männergesangverein abends vorher in der Klasse geübt.

76

Sonst war der Raum spärlich eingerichtet: Katheder, Tafel, Rechenmaschinen, Waschbecken, Spucknapf; an der Wand einige Bilder, zwei Pappen mit großen und kleinen Buchstaben und eine Tafel "Unsere Singvögel".

In den Ferien lag die Schule verwaist; dann dufteten nur die vielen Linden auf dem Schulhof, und im Garten des Lehrers reiften die Kirschen. Auf dem Boden, unter den heißen sonnenbeschienenen Pfannen, trockneten die Heilkräuter, die wir gesammelt hatten, ein Duft von Kamille und Minze.

In der Klasse aber roch es nach frischem Fußbodenöl. Jedesmal nach den Ferien ließ dieser Gestank die Schule wie neu erscheinen, und man hätte etwas vermißt, wenn es anders gewesen wäre.

Mit Schuljahresbeginn aber mußten neue Schwämme und Tafellappen, Kreide und Tinte geholt werden. Deshalb schickte Lehrer Vornholz meinen Banknachbarn und mich zu Frau Klöpper. Unterwegs sollten wir bei Tischler Flottmann vorbeigehen und ihn bitten, uns einen Bollerwagen zu leihen. Damit sausten wir dann los.

Nun waren wir aus Freude über unsere Freiheit wohl ein bißchen wild gewesen. Jedenfalls schlug der Wagen an einen Straßenbaum, und an der Seite brach eine Runge ab. Was nun? Frau Klöpper merkte nichts, als sie uns die Ware gab, aber mit dem kaputten Wagen zur Schule zu kommen, trauten wir uns nicht.

Verzweifelt fuhren wir auf dem Rückweg zu Tischler Flottmann und beichteten ihm alles. Zu unserer Erleichterung sah er das Ganze nur als eine Bagatelle an und versprach, dem Lehrer nichts zu sagen.

Wir ließen den Wagen stehen und luden uns alles auf die Schultern. Als wir schwitzend bei der Schule ankamen, fragte Lehrer Vornholz ziemlich aufgeregt: "Wo habt ihr denn den Bollerwagen?"

Doch wir stellten uns dumm, sahen einander erstaunt an und sagten: "Den haben wir doch wieder zu Flottmann gebracht."

Da verlor der Lehrer dann doch die Fassung: "Ihr Hornoch-
sen, da habe ich wohl die Dämlichsten ausgesucht. Ich hätte
euch wirklich für schlauer gehalten, aber ihr seid ja noch
dümmer als Bültermanns Esel!"

Vergleiche aus dem Tierreich waren damals sehr beliebt.

Die Gartenwirtschaft

Nicht immer tagte der Gesangverein in der Schule,
manchmal wurde der Übungsabend auch in die Gastwirtschaft auf der Höhe verlegt. Man müsse auch mal "auffen
Saal" singen, hieß es dann, wegen der anderen Akustik. Aber
einige Leute behaupteten, es ginge dabei wohl eher um eine
alkoholhaltige Flüssigkeit, die man in Vereinskreisen ge-
meinhin als "Sängertropfen" bezeichnete.

An solchen Abenden stand das Fenster weit offen, und die
Lieder klangen in die Mondstille des alten Gartens, so daß
der Igel, der manchmal zu Besuch kam und unter den Gar-
tenstühlen und -tischen nach Abfällen suchte, sich gewundert
haben mag.

Vom Mühlenrad im kühlen Grunde wurde gesungen und
von der Jugendzeit, die keine Schwalbe zurückbringt, doch
das Lied vom "Krug zum grünen Kranze" schien mir am
besten zu der alten Gartenwirtschaft zu passen.

Lag sie doch tatsächlich in einem Kranz großer Bäume
und dichter Büsche, zwischen denen man überall Laubenni-
schen angelegt hatte. Hier luden Tische und Stühle zum
Verweilen ein, eiserne Klappstühle mit harten Sitzbrettern
darauf. Der Pfeifenstrauch duftete, besonders nach Regen-
schauern, wenn die Tischplatten so schön naß waren, und
hinten im Gartengrün sang der Gelbspötter.

Wenn dann am Himmelfahrtsmorgen die von frischem
Birkengrün umrahmten Saaltüren weit geöffnet wurden und

die Musik in den taufrischen Maientag klang, kehrte mancher Ausflügler hier ein, zu Fuß oder mit dem Fahrrad, müde von seiner Frühtour.

Die Fahrräder lehnten dann an den Lindenbäumen, die durstigen Gäste tranken Bier, noch eins und noch eins, und die Kinder bekamen Apfelsinchen, dessen Kohlensäure so schön in der Nase kribbelte. War man bei der Wackelei mit seinem Stuhl schon umgekippt und das Apfelsinchen ergoß sich über den neuen Matrosenanzug, dann hatte man für den Rest der Zeit neben dem vom Vater wiederaufgerichteten Stuhl zu stehen, während die anderen Kinder Karussell fahren durften in der kleinen "Kaffeemühle" am Eingang des Gartens.

Alltags aber war diese Vielfalt versteckter grüner Ecken und Winkel mit Büschen und Bäumen ein wundersames Refugium für uns, in dem wir manche Stunde verbrachten.

Des Klettern und Versteckspielens müde, liefen wir dann auch oft auf die Straße vor der Gastwirtschaft oder lehnten im Schatten an der Wand und beobachteten, was vor dem Hause geschah.

Fahrzeuge fuhren vorbei, Pferdewagen hielten an, der Kutscher schob seine Peitsche in die lederne Halterung am Geschirr der Tiere und ging die alten, ausgetretenen Steinstufen zur Gaststube hinauf. Manchmal kam der Brauereiwagen mit den beiden dicken Pferden davor, deren Lederzeug auf Hochglanz poliert war. Eine Augenweide, die prächtigen Tiere zu betrachten.

Der Bierkutscher mit der Lederschürze warf dann ein festes Kissen auf den Boden, bevor er die schweren Bierfässer vom Wagen fallen ließ. Dann rollte er sie zur Kellertreppe und rumpelnd die steinernen Stufen hinab. Auch mächtige Eisstücke wurden in den Keller getragen. Manchmal brach ein Stück davon ab, dann hatten wir eine zeitlang zu lutschen.

Einmal stand sogar ein schweres Motorrad vor der Gastwirtschaft. "Däotmaker" (Totmacher) nannte meine Mutter diese Fahrzeuge. Als der Fahrer es antrat, wären wir am liebsten weggelaufen, solch einen Krach machte die Maschine.

Fast immer aber lehnten Fahrräder an der Mauer, die wir im Garten verstecken konnten. Trat dann der Eigentümer schwankend aus der Kneipe, halfen wir scheinheilig beim Suchen und fanden es natürlich immer. Dafür bekamen wir dann oft einen Groschen als Finderlohn.

"Hä ji muin Rad nich soihn?" "Wie sah das denn aus?" "Do satt son äolen gebriukten Saddel ubbe." Ja, wir fanden das Rad mit dem gebrauchten Sattel, und Frittken Beckmann freute sich. So waren wir immer hilfsbereit.

Aus dem offenen Fenster der Gaststube hörten wir, wie sich drinnen jemand aufregte. Er hatte ein Wort wie ein "Wurmdoktor". Doch als ihn jemand beruhigen wollte: "Wilhelm, kuier di nich innen Schwait", verlor er vollkommen die Fassung und schimpfte nur noch lauter.

Ja, interessant war es immer bei der alten Gartenwirtschaft, und wir hörten und lernten viel. Standen wir aber einmal staunend mit offenem Mund dabei, wenn zwei Männer sich unterhielten, so konnte es geschehen, daß einer der beiden sich ruhig zu uns umdrehte: "Junge, mak den Mund teo, süß falt die de Tiarne riut."

Dann kam der 1. September 1939.

Als wir nach dem Mittagessen zur Höhe kamen, stand alles voller Autos, Personenwagen und kleine Lieferwagen, die Straße entlang so weit man blicken konnte. Die Eigentümer standen mit ernsten Gesichtern daneben.

Auf dem großen Platz aber war eine Spritze aufgebaut, die ein Soldat bediente. Der Kompressor tuckerte. Ein Auto nach dem andern mußte vorfahren und wurde grüngrau gespritzt. Ein kleiner Junge fragte: "Onkel Soldat, spritzt du meine Bollerkiste (Seifenkiste) auch?" "Komm her", rief der Soldat lachend, und schon war das kleine Fahrzeug wehrmachtsgrau. Es bekam sogar mit der Schablone das WH aufgespritzt - Wehrmacht/Heer - .

Der Junge strahlte vor Glück.

Spät abends waren alle Fahrzeuge wieder fort, und die Nacht kroch langsam in den Garten der Gastwirtschaft. Die Hexenbesen auf den Birken sahen aus wie haarige Gespenster. Der Spätsommerwind bewegte die Blätter in dem großen Lindenbaum, und die Landstraße verlor sich wie ein graues Band in der Abendferne.

Bei der Brücke

Am Fuße der Brücke wächst die Bachbunge. Ihre blauen Blüten leuchten weithin, und man kann sie gar nicht übersehen. Bachbungen-Ehrenpreis, Veronica beccabunga, nennen es die Botaniker und haben damit ein Kuriosum geschaffen, ein Fremdwort im Lateinischen, das aus dem Deutschen stammt, denn beccabunga bedeutet nichts anderes als Bachbunge.

Doch die Fuhrleute, die damals über die Brücke kamen, interessierte das nicht. Sie hielten nur für einen Moment ihre Pferde an, bemerkten wohl kurz die blaue Blume, sahen den Bach entlang und spuckten dann meist ins Wasser, bevor sie weiterfuhren. Dann war die Brücke wieder allein, und nur der Kiebitz gaukelte klagend über den warmen Heuwiesen, die sich unter dem Sommerwind hier am Bach entlangzogen.

Der fließt im zeitigen Jahr zwischen Günsel und großen Beständen der Weißen Taubnessel; in der hohen Zeit aber, wenn der Wiesensommer über den Bach kommt, hat er sich unter der Fülle von Kerbel, Mädesüß und Blutweiderich fast versteckt. Doch sein Plätschern ist immer da, und über seiner Verborgenheit stehen die grünblaugoldenen Blitze der Libellen.

Doch hier an der Brücke tritt der Bach zutage. Breiter als an anderen Stellen läßt er dem Blütenduft keinen Platz. Nur das Gras der Wiesen wächst bis dicht an seine abbröckelnden Ufer, und die schwarzbunten Rinder, die hier zur Tränke gehen, haben die lehmigen Kanten noch weiter eingetreten.

Tiefer ist der Bach an dieser Stelle und hat Kolke ausgespült, in die das gurgelnde Wasser unter der Brücke hineinschießt und kreisende Strudel bildet, in denen man - eben noch im knöcheltiefen Wasser stehend - plötzlich bis an die Hüften versinken kann. Das ist nicht weiter gefährlich, man hat dann nur das Problem mit der nassen Hose.

Hier bei der Brücke war natürlich auch unser Badeplatz, und wenn man bei dem Geplätscher in dem seichten Bach wohl kaum das Schwimmen lernen konnte, so bereitete der glitschige Lehm unter den Füßen, der sich beim Auftreten so prickelnd zwischen den Zehen hindurchquetschte, einen besonderen Genuß, von dem der Besucher eines modernen und sterilen Freibades nur träumen kann.

Doch wenn die Mädchen, die von ihren Müttern zum Waschen an den Bach geschickt wurden, mit Handtuch und Seife den Grasweg herunterkamen, versteckten wir uns schnell hinter dem grauen steinernen Brückengeländer, das überall mit bunten Flechten bewachsen war.

Dann warfen wir aus sicherer Deckung wie ein Granatwerfer Lehmklumpen oder Steine über die Brückenmauer, die platschend dicht vor den am Bach hockenden Mädchen ins Wasser schlugen. Eine Zeit lang hielten sie es zeternd aus, bis sie endlich doch das Handtuch über die Schulter warfen und unseren Badeplatz räumten.

Die Frauen aber, die hier manchmal ihre Wäsche spülten, waren in dieser Beziehung weitaus hartnäckiger. Nachdem sie zuerst laut über das aufgewühlte lehmige Wasser geschimpft hatten, kamen sie dann meist keifend mit einem Stock hinter uns her, so daß wir unsere Stellung hinter der Steinmauer räumen mußten. Sie erwischten uns nie, aber unser Granatwerferfeuer brachte sie schließlich doch zum Schweigen.

82

Weitaus ruhiger aber ging es an der Brücke zu, wenn wir Stichlinge fangen wollten, denn bei dieser Jagd muß man äußerst behutsam vorgehen.

Aus dem Haselnußbusch am nahen Holze schnitten wir uns mit dem Taschenmesser eine Zwille. Zwischen die beiden sich gabelnden Zweigenden wurde dann ein Taschentuch an allen vier Ecken verknotet. Das war unser Kescher.

Ganz vorsichtig gingen wir damit in den Bach, vermieden Schlamm aufzuwirbeln und führten unser Fanggerät unter Wasser langsam zu den Stellen, an denen nach unseren Beobachtungen die kleinen Fische standen. Nun hieß es geduldig ausharren. Erstarrt wie ein Graureiher standen wir bis zu den Knien im Bach, so daß die schwarzbunten Rinder über der Uferböschung uns schon ganz erstaunt anstarrten. Auf der Brückenmauer wartete unterdes das mit Wasser gefüllte Einmachglas.

Dann ein Ruck; die Zwille wurde hochgerissen, aber meist waren die Stichlinge schneller, und das Taschentuchnetz blieb leer. Irgendwann hatten wir dann doch Glück. Für die Stichlinge galt das weniger, denn nachdem sie einen Nachmittag in dem runden Einmachglas herumgekurvt waren, trieben sie am nächsten Morgen meist leblos auf dem Wasser, ihren silbrig glänzenden Bauch nach oben gedreht.

Trotzdem versuchten wir es von Zeit zu Zeit immer wieder. Einmal stießen wir dabei ganz unverhofft auf eine Aalbunge (Reuse), die sicher jemand heimlich hier in den Bach gelegt hatte. Aber das glitschige glatte Tier, das sich darin gefangen hatte, konntem wir nicht halten. Es entwischte uns mit Leichtigkeit, obwohl wir alle Mann zugriffen. Seitdem wußte ich, was mit "aalglatt" gemeint war.

Bei all diesen Jagdausflügen im Bachwasser bei der Brücke passiert es aber fast immer, daß man auf irgend einem glitschigen Stein ausrutschte. Dann war es gut, daß sich die Wärme des Sommermittags in den grauen Steinen des Brückengemäuers gespeichert hatte.

So konnten wir unsere Hosen auf der warmen Brücke zum Trocknen ausbreiten, und bevor die Kühle der Wiesen über den Bach kam, zogen wir sie trocken und warm wieder an und liefen nach Hause.

Die Brücke aber strahlte dann immer noch Wärme aus, lange noch, bis in den samtdunklen Abend unter den Sommersternen.

Im alten Garten

Doa hässe bläoß Arboit medde", meinten die Leute, und sie hatten sicher Recht. Doch die Arbeit nahm Tante Emma in Kauf, sie ließ nicht ab von ihrem Blumengarten, der für mich der "alte" Garten war. Und damit hatte es folgende Bewandtnis:

Eines Tages im Herbst bat mich Tante Emma, ihr doch vom Gärtner eine Kaiserkrone zu holen. Für mich sei es mit dem Fahrrad doch eine Kleinigkeit, ihr hingegen falle das Laufen bei ihren geschwollenen Beinen schwer.

Zur Gärtnerei war es nicht weit. Ich lehnte mein Rad an den Brunnenring unter dem Fallrohr der Dachrinne, in dem "weiches" Regenwasser für die Blumen aufgefangen wurde, und ging in das Treibhaus. Feuchtigkeit und schwüle Wärme unter dem Glasdach nahmen mir fast den Atem. Auf dem langen Tisch stand ein Stapel Blumentöpfe. Es roch nach Erde und Blüten, und die Vielzahl der Gewächse verwirrte mich.

Plötzlich fragte mich jemand, was ich möchte. Ich hatte den Gärtner nicht kommen sehen, war ein wenig erschrokken, trug ihm dann aber mein Anliegen vor. Er zog die Stirn in Falten, wiegte den Kopf hin und her und sagte dann: "Ne Kaiserkrone? Junge, dat is ne ganz altmodische Pflanze, die hab ich nich." Doch als er hörte, daß Tante Emma sie haben wollte, versprach er, eine zu besorgen. Ich sollte in der nächsten Woche wiederkommen.

Als ich dann wieder bei ihm vorbeifuhr und erneut fragte, hielt er mir lachend die Zwiebel entgegen, und nachdem ich diese meiner Auftraggeberin überbrachte, wußte ich nicht recht, wer sich nun mehr freute, der Gärtner oder sie.

Seitdem wuchs die Kaiserkrone in Tante Emmas Garten, jene "altmodische" Pflanze, die über Konstantinopel zu uns gekommen ist und die schon im Garten Eden geblüht haben soll, wie die Überlieferung zu berichten weiß. Der Garten aber hieß für mich fortan "der alte Garten", bei all den vielen altmodischen Blumen, die hier ihre Pracht entfalteten und die Vorübergehenden entzückten.

Die blieben oft für einen Moment stehen und schauten über die Ligusterhecke, die man an einer Stelle kunstvoll zu einem Bogen geschnitten hatt, der die Eingangspforte überwölbte. Und mancher, der eintrat, glaubte, er habe die Zeit hinter dem alten Gartentor zurückgelassen.

Später, als ich längst erwachsen war und das alte geistliche Volkslied "Es ist ein Schnitter, heißt der Tod" kennenlernte, mußte ich sofort an den alten Garten denken. Fast alle die vielen Blumen, die in dem Lied erwähnt werden, standen auch hier; nur daß sie nicht vom Tod dahingemäht wurden, sondern Duft und Farbenpracht in Fülle verströmten.

Das Jahr zog durch den Garten mit Hyazinthen, Narzissen und Tulpen, Veilchen, Stiefmütterchen und Akelei, mit Prullnelken (Bartnelken), Rittersporn und Phlox, mit Gladiolen, Dahlien und Astern, die schon den Herbst ahnen ließen, und mit Löwenmäulchen, in die die Hummeln hineinkrochen wie in das Maul eines Ungeheuers. Als Kinder rissen wir die Blüte dann ab, drückten sie oben zu und hielten sie ans Ohr und begeisterten uns an dem ärgerlichen Brummen.

Vor der Hauswand blühten Klematis, Stockrosen und Georginen. Und über allem der Parfümduft von Nelken, Reseda und Lavendel und das farbige Gaukelspiel der Falter. Das Auffälligste aber war die Bank, aus Kiefernholz gefertigt und dann weiß lackiert. Sie stand in der Mitte des Gartens unter dem mächtigen Tulpenbaum.

Gleich hinter der Hecke aber wuchsen Goldregen, dufteten Flieder und Pfeifenstrauch, den Tante Emma Jasmin nannte. Die Deutzie hieß bei ihr Lilienstrauch, und so verlieh sie dem alten Garten einen zusätzlichen Zauber durch Namen, die wie aus Tausendundeiner Nacht klangen. Der prächtige Rosenbogen, unter dessen duftender Girlande man hindurchging, wenn man den Garten verließ, verstärkte den Eindruck orientalischer Fülle.

Aber der Garten machte wirklich Arbeit. Jeden Sonnabend wurden die vielen schmalen Wege gehackt und mit Sorgfalt fein geharkt. Sie waren auf der ganzen Länge beidseitig mit niedrigen Buchsbaumhecken eingefaßt, genau wie alle Beete.

Mit dem Buchsbaum machte sich Emma besondere Mühe. Die niedrigen schmalen Hecken wurden oft geschnitten, damit sie immer wieder ausliefen und schön dicht wurden. Schnurgerade standen die Reihen und waren der Gärtnerin besonderer Stolz, wenn sie sonntagnachmittags in ihrem neuen Kleid auf der Gartenbank unter dem Tulpenbaum saß und sich still vor sich hin freute.

Der Buchsbaum hatte aber noch einen praktischen Zweck zu erfüllen, denn sein Schnittgut wanderte nicht einfach auf den Komposthaufen, nein, Tante Emma war als Lieferantin für Silberne Hochzeiten bekannt.

Dort waren die Buchsbaumzweige gefragt, als Ersatz für Myrte, sozusagen als westfälische Myrte wurden sie verwendet. Man tauchte sie in Silberbronze, und nachdem die Farbe getrocknet war, konnt man sie in den Kranz der Silberbraut flechten oder als dekorativen Tischschmuck auf der Festtafel benutzen. Bei einer Goldenen Hochzeit verwendete man dann eben Goldbronze, aber das kam seltener vor.

Ja, die Leute hatten recht, mit dem alten Garten hatte Tante Emma nur Arbeit, aber aufgeben konnte sie ihn nicht. Wer hätte sonst die Hochzeiten mit Buchsbaumzweigen beliefern sollen?

86

In der Badeanstalt

So hieß damals die Einrichtung, die man heute Freibad nennt. Doch der Unterschied lag nicht nur in der Bezeichung, auch die Ausstattung war eine andere, vor allem aber die Zweckbestimmung. So diente sie weniger der anspruchsvollen Spielerei einer Freizeitgesellschaft, sondern vor allem der Abkühlung an heißen Sommertagen. Und heiße Sommertage gab es damals reichlich. Zumindest in meiner Erinnerung.

Wenn bei der Planscherei in dem kalten Naß auch noch beiläufig jemand schwimmen lernte, so war das ein gern gesehener Nebeneffekt.

Entsprechend dieser Zweckbestimmung wäre damals natürlich niemand auf den Gedanken gekommen, das Wasser zu erwärmen. Es war eiskalt. Es stammte auch nicht aus einer städtischen Wasserleitung, sondern strömte aus einem kleinen Quellteich im Dustholz oberhalb des Bades.

Die Ufer dieses verborgenen Gewässers waren von Froschlöffeln und Minze umstanden, und auf seiner Oberfläche sausten die Wasserläufer hin und her, soweit ihnen die schwimmende Entengrütze (Wasserlinsen) dazu Platz ließ. Über allem aber schossen schillernde Libellen wie kleine grünblaue Funken dahin.

Diese geheimnisvolle Dschungelwelt lieferte das Wasser für die Badeanstalt. Es floß in langen Halbröhren dahin, die oben mit Zementplatten abgedeckt waren. Manchmal geriet ein Frosch mit in den Sog. Er sauste dann sozusagen durch den Orkus, bis er aus der beindicken Rohrpost herausschoß und munter im Schwimmbecken zwischen den plantschenden Kindern umherschwamm, deren Bewegungen sich ohnehin kaum von denen eines Frosches unterschieden.

Und die Sonne stand an manchen Nachmittagen wie ein Glutball am Himmel. Sie war die einzige Heizung für die Badeanstalt, und oft meinte sie es so gut, daß Hans Wienecke, der Bademeister, neugierig wurde und ein Thermometer ins Wasser hielt. Die Gradzahl schrieb er dann mit Kreide auf die schwarze Tafel am Eingang.

Im Winter hatte er anderes zu tun, dann wurde das Wasser des Beckens abgelassen, und der Bademeister arbeitete als Trichinenbeschauer bei den Hausschlachtungen. Durch den Sommer aber wanderte er in Badehose, stand braungebrannt am Beckenrand und hielt auf Ordnung; seine Frau half ihm dabei.

An solchen heißen Tagen waren wir gar nicht wieder aus dem Wasser zu kriegen. Dann lohnten sich die 10 Pfennig Eintritt, die wir bezahlt hatten. Stundenlang lagen wir auf den heißen Zementplatten, und die Sonne trocknete unsere Fußspuren und Badehosen. Schön ausgelaugt war die Haut, und der Feuerball am Himmel bescherte uns einen wunderbaren Sonnenbrand, der uns noch die ganze Nacht an den heißen Nachmittag erinnerte.

Meist fand sich auch irgendein Strolch, der in der hohlen Hand Wasser herantrug und es dem Liegenden über den brennendheißen Rücken goß. Der sprang dann auf wie von der Tarantel gestochen. Pfarrer Kneipp hätte an dieser Art Blitzgüsse seine helle Freude gehabt.

Schwimmen, Tauchen, Kopfsprünge, die meist auf dem Bauch landeten; sich gegenseitig naßspritzen oder ins Wasser werfen. Aber vorher mußte man unter die Brause (Dusche), darauf achtete der Bademeister. Hier war das Wasser noch kälter als im Becken, aber oft zauberte die Sonne aus den fein versprühten Tropfen einen buntschillernden Regenbogen.

Am Sprungturm machte ich damals zum ersten Mal die Erfahrung, wie sehr es doch auf den Standpunkt ankommt. Da wir mit den Augen sehen und nicht mit den Füßen, ist ein 3-Meter-Turm von unten gesehen nur 1,50 m hoch, steht man aber oben, mißt der Turm 4,50 m. Ja, auch solche Erkenntnis konnte man gewinnen, damals in der Badeanstalt.

Aber das Wasserbecken war nicht alles, auch in den Umkleideräumen war es immer interessant. So konnte man durch ein Astloch der Fichtenbretter in die Mädchenkabine sehen. Einer schubste den anderen zur Seite, weil natürlich alle einmal schauen wollten. Fehlte ein solches Loch, so wurde ein wenig mit dem Taschenmesser nachgeholfen, indem man die Spalten zwischen den Brettern erweiterte. Dies aber galt als vorsätzliche Unsittlichkeit, und dafür gab es Ohrfeigen von der Frau des Bademeisters, verbunden mit der Drohung, unsere Eltern zu informieren.

Dabei war meine Mutter ohnehin schon nicht gut auf die Badeanstalt zu' sprechen, da ich nach dem vielen Imwasserliegen, wie sie es nannte, immer ganz ausgehungert nach Hause kam. "Säo virl Bräot kann ick garnich käopen, wi diu äß", klagte sie dann.

Die Umkleideräume aber hatten einen unpraktischen Fußboden. Damit das Wasser ablaufen konnte, waren die Bretter auf Lücke gesetzt, und diese Fugen bildeten nun das reinste Groschengrab. Selten kam man in den Raum, ohne daß sich einem ein badehosennasser Hintern entgegenstreckte. Ein Junge lag auf Knien und Ellbogen und stocherte mit einem vorn gespaltenen Stock in den Ritzen herum, in der Hoffnung, seinen hineingefallenen Groschen doch noch herauszufischen zu können.

So kam nie Langeweile auf in der Badeanstalt. Es gab auch eine Liegewiese, die weit in den Wald hineinreichte und entsprechend bevölkert war. Außer den Badegästen tummelten sich hier Blinde Fliegen, Schnaken und Mücken, so daß die Liegenden oft aufstanden und wie wild um sich schlugen. Trotzdem war dies der Ort, an dem ich meine ersten Abenteuerromane las; angeschmuddelte Hefte, die von einem zum anderen weitergeliehen wurden. Auf dem Rücken liegend versenkte ich mich in die Abenteuer des Rolf Torring, den damals alle bewunderten, und die Mücken, die mich umschwirrten, waren die Moskitos in den Urwäldern Borneos.

Bis weit in den September hinein war die Badeanstalt geöffnet, und morgens lag dann Dunst über dem Wasser. Wenn aber nachmittags die Sonne durchkam, konnte man auf dem Rücken schwimmend die Wolken über sich dahinziehen sehen. Und manchmal schoß eine verspätete Schwalbe über das Becken, berührte kurz das Wasser und verschwand über dem Wald hinter der Liegewiese.

Beim Kühehüten

Wenn es die Leute sehr eilig hatten, etwa wenn sie nötig austreten mußten, konnten sie wohl sagen: "Ick mot erst iut de Büxen, un wenn olle Koihje innen Käohle stoat." Ja, es galt als ein großes Malheur, wenn die Kühe im Kohl standen und dort alles abfraßen und zertrampelten. Damit das aber nicht passierte, mußten sie gehütet werden, und von dem Hütenden erwartete man, daß er seine Aufgabe ernst nahm.

Schon als kleines Kind wurde man gewissermaßen in dieses Amt eingeführt, wenn auch auf ungewöhnliche Weise. Erwachsene drückten einem ihre großen Hände beiderseits auf die Ohren und zogen einen dann am Kopf in die Höhe, so daß man strampelnd in der Luft baumelte.

"Mal sehen, wieviele Gänse du schon hüten kannst", hieß es dann, und man begann zu zählen, bis das Kind durch Schreien zu verstehen gab, daß es wieder auf den Boden gesetzt werden wollte.

Aber nun waren wir schon älter, und so wurde auch das Weidevieh größer. Es ging nun nicht mehr um Gänse, nein, man vertraute uns schon eine Kuh an.

Das Haus meines Schulfreundes lag ein wenig abseits, und hier gab es nicht nur viel Wind, sondern auch lange Graswege, die bis hinunter an den Bach führten, wo wiesenblütig der weiße Kerbel stand. Ich ging oft mit, wenn er nachmittags die Kuh seiner Eltern hüten mußte, und dann zogen wir beiden, die Kuh am Strick, langsam die grasigen Wege entlang und tauchten unter in eine grüne Welt, durch die der Wiesensommer wehte.

Kuhfladen hier und da, auf denen die Fliegen summten. Wenn man unversehens hineintrat und unglücklicherweise mit dem Holzschuh ausrutschte, saß man meist auch mit dem Hosenboden drin. Spätestens von dem Augenblick an wandten die Fliegen, welche die Kuh ständig umschwärmten, ihre Aufmerksamkeit mehr dem Hirten zu.

Vogelwicken rankten lila entlang der Stacheldrahtzäune beiderseits des Weges, und wenn der Schäfer vorbeigezogen war, hingen helle Wolleflöckchen an den eisernen Stacheln und wurden vom Wind zerzaust. Der alte Klausing, der uns entgegenkam, sammelte die Wolle in seine Rocktasche, etwas davon steckte er sich gleich ins Ohr. Ungewaschene Schafwolle war gut gegen Ohrenschmerzen.

Manchmal banden wir uns den Strick um den Leib. Das war nicht ungefährlich, und wir durften das eigentlich nicht, aber so hatten wir wenigstens die Hände frei, um in einem Schmöker zu lesen oder für die Schule etwas auswendig zu lernen.

Mädchen, die Kühe hüten mußten, hatten immer mehr zu tun. Sie flochten Kränze aus Gänseblümchen oder kleine Körbchen aus Binsen. Meist aber hatte ihre Mutter ihnen einen Beutel voll Strümpfe mitgegeben, die sie stopfen sollten, oder sie mußten gar Strümpfe stricken für die kalten Tage, die zu erwarten waren. Damit sie in Ruhe arbeiten konnten, die Kühe ihnen aber nicht wegliefen, hatte man die Tiere "geknieseilt", wobei ein Strick Hals und Bein der Kuh verband und nur kleine Schritte zuließ.

Wir aber hatten Zeit für anderes. So schnitzten wir Schiffe für den Bach oder fertigten uns eine Ballerbüchse an. Dazu schiebt man das Mark aus dem Stück Holunderholz, sucht einen Stock, der sich saugend dicht in die so entstandene

Röhre schieben läßt, und verschließt die andere Öffnung mit einem Pfropfen. Wenn man den Stock nun ruckartig in das Holunderrohr schiebt, treibt der Luftdruck den Pfropfen mit lautem Knall heraus. Daran hatten wir dann unseren Spaß und fühlten uns großartig. Krach macht mutig.

Doch oft hockten wir nur nebeneinander unter dem alten Traubenholunder, der seine korallenroten Beeren über uns herabhängen ließ, sahen zu, wie die Stare in dem Kuhfladen herumstocherten und aßen unser Klitschbutterbrot, während die Kuh im Grase lag und wiederkäute. Ihre Kiefer mahlten eintönig hin und her, und vom Bachufer quarrte eine Ente.

Wenn wir dann im Dunste des hereinbrechenden Abends aufstanden und uns langsam auf den Heimweg machten, hatte das Tier es eilig; es wollte gemolken werden. Wir aber bewarfen uns aus Übermut mit Kletten. Sah es nach Regen aus, nahmen wir eine Plane mit zum Kühehüten. Sobald es zu nieseln begann, hängten wir sie um und schritten unter dem gemeinsamen Regendach durch das nasse Gras, immer hinter der Kuh her.

Einmal aber wurde es mit dem Regen plötzlich so stark, daß wir wieder umkehren wollten. Doch dazu war es schon zu spät. Die Erlen und Weiden hinten am Bach verschwammen im Grau, und es regnete Bindfäden. Wir zogen uns die Plane über den Kopf und sahen nichts mehr, hörten nur, wie der Regen auf das steife Leinen trommelte und spürten die Bäche, die daran herunterliefen und allmählich Pfützen um uns herum bildeten. Die Kuh hatten wir vergessen.

Die aber fühlte sich offensichtlich wohl, trotz des Regens, denn als wir uns ihrer plötzlich erinnerten und erschrocken die nasse Plane hoben, sahen wir sie nicht weit von uns, nein, nicht im Kohl stehen, aber in einem Rübenfeld.

Wer schon einmal bei strömendem Regen eine Kuh auf einem klitschnassen Rübenfeld eingefangen hat, weiß, was uns bevor stand. Aber wir schafften es, und da bei diesem Unwetter niemand draußen stand, hat es auch keiner erfahren. Nur wunderten sich die Eltern, daß wir trotz der Plane so naß geworden waren.

Wenn damals jemand in der Schule nicht recht mitkam, so sagten die Leute manchmal: "Wenn hoi man säo virl laiert, dat hoi vo Fuier un Water weglöpp." Und oft fügten sie dann noch hinzu: "Hoi soll ja man bläoß Koihje hoien."

Nach dem großen Regen aber hatte ich den Eindruck, daß wir selbst bei diesen minimalen Anforderungen versagt hatten.

An der Mauer

Einst war es eine rote Backsteinmauer mit Pfeilern wie kleine Türmchen darauf, dann hatte ein alles gleichmachender Zeitgeist sie mit einer eintönig grauen Putzschicht überzogen. Doch der triste Mörtel hatte im Laufe der Jahre Risse bekommen, in denen nun Mauerpfeffer und Mauerraute wuchsen, und an denen der wilde Wein sich festhalten konnte, der weite Teile der grauen Fläche überzog. Hier und da war der Putz auch schon wieder abgeplatzt, so daß der alte schöne Backstein wie ein lange verborgener Schatz wieder ans Tageslicht kam.

Die alte Mauer schirmte Frau Flandermeiers Garten zur Straße hin ab. Im Frühjahr hing der Flieder duftend über dem Bürgersteig, und manchmal blieb jemand stehen und roch daran; vielleicht erinnerte ihn der Duft an eine längst vergessene Liebe.

Im Garten dahinter stand der alte Birnbaum mit seiner weißen Blütenpracht, und von seinem oberen Ast schwebte das Lied der Amsel die Straße entlang. Wenn wir in der Stadt etwas zu erledigen hatten, kamen wir jedesmal hier vorbei.

Von der nahen Schmiede herüber drang der Geruch von verbranntem Horn, als habe sich dauernd jemand die Haare geschnöt (versengt), und wir blieben oft stehen und sahen zu, wie ein Pferd beschlagen wurde, oder versuchten neugierig in eines der niedrigen Fenster zu schauen, deren Unterkante uns nur bis an die Hüfte reichte.

Als wir einmal vorsichtig in die alte rußige Schmiede traten, sahen wir den Meister am Amboß stehen, hinter ihm lohte und fauchte die Glut der Esse. Kaum hatte er uns eintreten sehen, ging ein Grinsen über sein Gesicht. Dann spuckte er auf das glühende Eisen, das er mit einer Zange auf den Amboß hielt, und schlug mit dem Hammer darauf. Es gab einen lauten Knall, wir fuhren erschrocken zusammen, und der Schmied bog sich vor Lachen.

Er hieß Kipp und war Bauer und Schmied in einem. Manchmal sahen wir ihn mit seiner Kuh einspännig zur Stadt hinausfahren. Dabei hockte der große Mann auf einem so kleinen Wagen, daß sein Zugtier davor sich fast wie ein Elefant ausnahm. Der Pflug, den er mit sich führte, ragte weit nach hinten über den Wagen hinaus.

Wenn wir dann aus der Stadt zurückkamen, sahen wir Schmied Kipp auf einem Acker an der Chaussee, wie er geduldig in der Furche hinter seiner langsamen Kuh herging.

Unterdes wärmte sich die alte Mauer im Sonnenschein und verträumte die Zeit.

Frau Flandermeiers Haus gegenüber, auf der anderen Straßenseite, hatte Paul Meyer seine Drogerie. Von den Auslagen in seinem Schaufenster interessierten mich besonders einige Chemikalienflaschen mit eingeschliffenen Glasstöpseln. Die seltsamen Namen auf den Etiketten und die geheimnisvollen Formeln zogen mich geradezu magisch an. Für mich stand fest, daß ich Chemiker werden würde.

Der Drogist aber hatte zu uns und der alten Mauer ein besonderes Verhältnis.

Immer wenn der Herbst vom Land in die Stadt zog und die Blätter des wilden Weins an der Mauer rot wurden wie alter Burgunder, gewannen Flandermeiers Birnen an Süße und Verlockung. Und so kletterten wir an der Mauer empor und balancierten darauf entlang, um zu den Früchten zu gelangen.

Jedesmal, wenn wir die erste Birne abreißen wollten, öffnete sich bei der gegenüberliegenden Drogerie die Tür, und Meyer lief schimpfend auf die Straße. Sein Bauch wackelte vor Aufregung, er gestikulierte heftig mit den Armen und lief an der Mauer entlang, um uns den Rückweg abzuschneiden. Wir waren immer schneller, sprangen vor ihm wieder auf den Bürgersteig und rannten davon. Er erwischte uns nie, rief aber jedesmal hinter uns her: "Ich sage der Polizei Bescheid!"

Im Laufe der Zeit traten die Birnen hierbei immer mehr zurück, und das Spiel mit dem Drogisten schob sich allmählich in den Vordergrund, wurde zum eigentlichen Zweck unserer Mauerkletterei. Es machte uns einfach Spaß, den Mann aufzuregen, zumal es uns so vorkam, als warte er geradezu auf uns, als läge er hinter seiner Ladentür auf der Lauer.

So griffen wir schon nach den Birnen, als diese noch längst nicht genießbar, sondern höchstens zum Werfen geeignet waren, was den wütenden Drogisten zu dem zornigen Ausruf veranlaßte, uns sei fremder Leute Schaden wichtiger als unser eigener Nutzen. Hiermit wollte er unsere besondere Boshaftigkeit zum Ausdruck bringen.

Aber dann kam der sonnige Herbsttag. Ein silbriger Schimmer lag über der kleinen Stadt, und es schien ein goldenwarmer Mittag zu werden. Wir hatten Kartoffelferien (Herbstferien) und waren schon morgens losgezogen. Ja, und da stand nun der Polizist vor der Mauer und schaute gelangweilt die Straße entlang. Wir erschraken und starrten uns an. Nun hatte der Drogist doch die Polizei verständigt.

Mit klopfendem Herzen warteten wir hinter der Hausecke. Wie lange wollte der Polizist denn dort noch auf uns lauern?

Woher wußte er überhaupt, daß wir heute in der Stadt waren?

Die Spannung wuchs. Von der Schmiede her klang das monotone Ping- Ping, und der alte Mann, der den Bürgersteig entlangkam, stieß mit der eisernen Spitze seines Spazierstocks den dazu passenden Rhythmus auf das Pflaster.

Wenn doch bloß bald etwas passierte. Wo war denn der Drogist? Er schien sich gar nicht um den Polizisten zu kümmern, und den schien der Birnbaum überhaupt nicht zu interessieren; jedenfalls schaute er nicht ein einziges Mal hinauf.

Vielmehr öffnete er seine Pistolentasche, zog ein eingewickeltes Butterbrot daraus hervor und ging kauend die Straße hinunter.

Uns stand der Mund offen, und von der Schmiede her ertönte immer noch das helle Ping-Ping. Sogar das alte Wagenrad lehnte noch an der Hauswand. Es war nichts geschehen. Die Birnen hingen noch in all ihrer Süße oberhalb der Mauer.

An diesem Morgen mochten wir aber keine Birnen.

Im Roggenfeld

Hinter unserem Gartenzaun lag das Feld des Bauern Ellermann, den ich als Rufer auf dem Acker kennenlernte. Seine beiden Pferde waren einer ständigen Flut von Kommandos ausgesetzt; Hermann Ellermanns Stimme beherrschte Pflug und Egge und schwebte über dem Feld vom Morgen bis zum Abend.

Aber nun hatte er im Herbst seinen Acker bestellt, hatte gepflügt und geeggt und war mit seiner großen verzinkten Saatwanne vor dem Bauch gemessenen Schrittes über das Feld gegangen und hatte mit weiten Schwüngen der rechten Hand seinen Roggen der Erde anvertraut.

Der war auch prächtig aufgegangen, bevor der Winter kam, der ihn dann mit einer Schneedecke vor zu strengem Frost bewahrte und die jungen Keimlinge bis zum kommenden Frühjahr schützte.

Nun taute der Schnee in der Märzsonne dahin. Hier und da lagen nur noch weiße Flecken auf dem braungrünen Acker, und es dauerte nicht mehr lange, da erhob sich der frühe Gesang der Lerchen über der jungen Saat. Die konnte man fast wachsen sehen unter der warmen Frühlingssonne, und bald stand sie so hoch, daß sich eine Krähe darin verstecken konnte. Manchmal brummte ein Flieger hoch über dem Feld dahin.

Als der Roggen blühte und zu stäuben begann, wogte es hier wie ein Meer, und der Wind lief in Wellen darüberhin und trug den Staub in die Welt. Heuschrecken nahmen Wohnung im Roggen, und zwischen den Halmen hasteten grüngoldene Laufkäfer dahin. Tiefblaue Kornblumen umkränzten das Feld, und das Getreide wogte im Sonnenfeuer.

Ein Roggenfeld ist ein Geheimnis. Uns lockte die gelbe Tiefe, trotz aller Warnungen vor der Hexe, die darin wohnen sollte. Wir liefen zwischen den Halmen hindurch, legten Gänge und verborgene Pfade an, die sich durch das Korn wanden wie ein Irrgarten. In der Weite des Getreidefeldes nahmen wir nichts mehr wahr von der Welt ringsum, nur noch den blauen Himmel über uns, und nur die Lerchen konnten uns noch sehen. Wir vergaßen die Zeit, und die Sonnenuhren standen still.

Am nächsten Sonntagmorgen aber saß Hermann Ellermann nicht in der Kirche. Er wollte sehen, wie sein Roggen stand, und schlürte nun die Graswege entlang. Hin und wieder sah man ihn nach einem Halm greifen und zwischen den Fingern eine Ähre zerreiben. So prüfte er das Korn mit Ernst und Sorgfalt, wie ein Kenner seinen Wein prüft.

Eine Woche später zogen seine beiden Pferde die Mähmaschine über das Feld, und das Labyrinth unserer geheimen

Pfade sank vor der schartigen Sense des Sommers dahin. Viele Hände halfen, und bald standen die Roggenstiegen in langen Reihen auf dem Stoppelfeld.

Das Barfußlaufen aber auf den rissigen Stoppeln will gelernt sein. Man darf nicht einfach von oben darauftreten wie ein Elefant, dann reißt man sich die Füße wund. Nein, man muß den Fuß gleitend nach vorn schieben wie ein Skiläufer, dann legen sich die Stoppeln flach, und man kann ganz gut darübergehen, es sei denn, man tritt auf eine trokkene Diestel; dann muß man sich die Stacheln aus der Fußsohle puhlen wie Flöhe aus dem Hemd.

Wir waren oft unterwegs auf dem Feld und störten den Mittagsschlaf der Roggenmäuse. Eigentlich heißen sie Brandmäuse, kleine Nager mit braunrotem Fell, die sich wohl hauptsächlich von Getreide ernähren. In der Sommersonne hockten sie auf den Stiegen, daher nannten wir sie Roggenmäuse. Mit Glück und etwas Geschick gelingt es manchmal, eine zu fangen. Da wir keinen Kasten bei uns trugen, steckten wir sie einfach in die Hosentaschen und hielten diese oben mit der Hand zu. Man muß aber aufpassen, daß sie den Taschenbeutel nicht zernagen, sonst entwischen sie. Auch in der Tasche, in der das Taschentuch steckt, wenn man denn eins hat, darf man sie nicht einsperren. Sie pinkeln in das Tuch, und das stinkt dann so nach Mäusen, daß man es getrost wegwerfen kann.

Aber man kann sich auch noch auf andere Weise beschäftigen. Wir krochen in die Stiegen und richteten uns mit einem Ruck auf, so daß die Garben so schön durcheinanderpurzelten. Das machte uns Spaß, aber dem Bauern nicht, denn der möchte, daß sein Korn erst beim Dreschen aus den Ähren fällt. Deshalb darf man sich auf keinen Fall dabei erwischen lassen. Den Geruch des Roggens aber habe ich noch heute in der Nase.

So verbrachten wir manchen Nachmittag auf dem Stoppelfeld bis spät in den Sonnenuntergangswind. Nachts konnten wir nicht schlafen, so juckten die Klümpe an unseren Armen und Beinen. "Hitzepocken" sagten die Leute dazu. Je mehr man kratzte, desto mehr juckten sie.

Ich habe später nie von dieser Erkrankung gehört oder gelesen, aber es gab sie damals, und die Sommerfreude unserer Kindheit litt darunter. Auch Umschläge mit Essigwasser halfen kaum. So lagen wir in der Nacht manche Stunde wach, hörten die Amtshausuhr schlagen oder ferne Züge rauschen, als würden sie von einer Hundemeute durch das dunstige Mondlicht gehetzt.

Eines Tages aber rollten die Ringsenwagen (Leiterwagen) auf das Roggenfeld, und Beine baumelten durch die Leitersprossen. Kräftige Arme in der Sonne, Garbe für Garbe wurde fachgerecht auf dem Erntewagen verstaut. Starke Stricke hielten den Bindebaum; und dann rollte der Wagen schwankend die ausgefahrenen Feldwege entlang.

Nun gehörte die gelbe Weite den Ährensuchern, die sich unermüdlich bückten, damit nichts verkam von dem Reichtum der Erde. War aber alles aufgelesen, so gehörte das Stoppelfeld den mausenden Füchsen und Katzen. Der Wind brachte den Herbst mit und den Schäfer, der in einem Meer von Schafen gemächlich über das Feld schritt, als wollte er die letzte Nachlese halten.

Mittagswind

Der Vogelruf kam aus dem Sommer und schwebte den hellen Feldweg hinab. Die Sonne malte Schattenbilder an die Hauswand, und das Schlafhorn tutete. Suselasu machte der Mittagswind. In ihm wehte der Hauch der Frühe.

Ich saß mit meinem Mittagessen auf dem Treppenpodest vor unserem Hause, vergaß wohl dann und wann das Essen und träumte in die Welt. Dabei hatte ich den Löfel umgedreht zwischen den Zähnen, wippte damit, und das Stielende tanzte lustig vor mir auf und ab.

Vorbeikommende Leute fragten oft hämisch, ob ich mich am Tisch nicht ordentlich benommen und meine Mutter mich deshalb vor die Tür gesetzt hätte. Wenn ich dann widerwillig antwortete und ihre Frage verneinte, riefen sie mir zu: "Denn ät un doamel nich metten Lirpel!"

Oh die Einfältigen, was wußten sie von meinem Mittagstraum im Schattenwind, von der grünen Stunde des Zauberers, der hinter den Büschen im Garten hockte und Träume in den Mittagsschlaf der Kinder mischte.

Ich brauchte mittags nicht mehr zu schlafen, und meinen Traum erfüllte mir meine Mutter. Sie schimpfte zwar dabei: "Wat diu ümmer häss, ick häbbe doch oal Arboit geneog." Aber dann trug sie mir auf mein Bitten und Betteln doch den Stuhl nach draußen.

Auf der Treppe saß ich nicht oft, meist wurde der Stuhl auf die Bleiche hinter dem Hause gestellt. Auf dem Sitzbrett dieses zum Tisch umfunktionierten Möbels stand dann der Teller mit Mittag (Eintopf), und ich saß auf einer Fußbank davor, die Beine im Gras, und zerquetschte mit der Gabel die Kartoffeln, die dabei oft wie helle Gummibälle vom Teller glitschten und ins Gras hopsten. Nachdem ich mich vergewissert, daß meine Mutter nicht aus dem Küchenfenster sah, sammelte ich sie wieder ein, wischte das Gras ab, und legte sie auf den Teller zurück.

Da saß ich dann zwischen Löwenzahn und Wegerich, zwischen Grillenzirpen und Hummelton, sah die Welt durch die Leisten der Stuhllehne und aß meine Mahlzeit. Manchmal half mir das Schwein dabei, das hinter mir im Höfken (Auslauf) herumwühlte, und dessen Grunzen neben dem Schmettern des Buchfinken aus dem Apfelbaum mir als Tafelmusik stets in Erinnerung bleiben wird.

Es bekam manchen Löffel voll von mir , wenn ich mal das

100

Essen nicht mochte, und meine Mutter freute sich, daß ich trotz meiner Abneigung gegen Graupensuppe den Teller leergegessen hatte. Als sie mich aber einmal dabei erwischte, meinte sie ärgerlich, nun wisse sie, warum ich immer draußen essen wollte. Meist aber mochte ich das Essen. Besonders wenn es Nachtisch gab, beflügelte mich die Erwartung der Süße, schnell meinen Teller leer zu essen.

Da gab es dann eingemachte Kirschen oder Schmorbirnen, Apfelmus, Pflaumen oder Birnen mit Stangenkaneel. Wenn ich die Früchte aus dem Kompott herausgefischt hatte, setzte ich die kleine Glasschüssel an den Mund und trank, wobei mir der Saft am Kinn herunterlief und auf den Stuhl tropfte.

Manchmal gab es auch Plundermilch, die in einem Schälchen drei Tage auf der Fensterbank gestanden, und auf der sich oben eine dicke Schicht Rahm abgesetzt hatte. Mit Zucker bestreut, war es eine Delikatesse. Als es später im Kriege "entrahmte Frischmilch" gab, die von den Leuten zu recht "Magermilch" genannt wurde, waren die Plundermilchsommer vorbei.

Auch die große Zeit der Kirschen geht zu Ende, da noch der Hof von den Kronen der mächtigen Bäume beschattet wurde, und man sich den Nachtisch selber pflückte, während oben im Blättergrün die Stare schimpften über den leblosen Mann mit Rock und Hut, der dort in die Zweige gebunden war.

Natürlich fiel auch mal eine Kirsche auf die Wäsche, die zur Bleiche auf das Gras gelegt worden war, und die man dann nochmals waschen mußte. Meine Mutter schimpfte mit mir, weil ich, den Löffel im Mund, auf meiner Fußbank sitzend, interessiert, aber tatenlos zugesehen hatte, wie eine Amsel auf ihrer Wäsche eine Kirsche massakriert hatte, so daß der Saft nur so herumspritzte.

Mittagswind. Wolken segelten am Himmel dahin, weit über das Land, weiter noch als der Horizont. Vom Glockenstuhl herüber wehte das Mittagsläuten, die Wäsche schlug auf der Leine hin und her, und die Fensterläden klapperten leise im Wind. Das Schwein in seinem Höfken grunzte im Schlaf.

Noch nach sechzig Jahren zieht es mich zu den Mahlzeiten nach draußen. Ich esse immer noch gern im Freien und zerquetsche die Kartoffeln im Eintopf, der bei uns immer noch Mittag heißt. Nur den Löffel lasse ich nicht mehr im Mund schaukeln, und manchmal scheint es mir, der Himmel über dem Mittagswind sei nicht mehr so blau wie damals.

Aber vielleicht irre ich mich da.

Am Brinke

Auch über den Brink zogen die Wolken, jene Wanderer des Himmels; und die Sonne ging auf jeden Morgen, und der Regen fiel herab auf Gerechte und Ungerechte.

Heinrich Hagemeier hat es nie herausgekriegt, wer es war. Tagelang hatten wir an der grasigen Böschung des Brinkes gesessen und seinen Vorgarten beobachtet, besonders den kleinen Apfelbaum darin, der in diesem Jahr zum ersten Mal trug. Heinrich war ganz stolz auf das erste Dutzend Äpfel, das mit seiner Last die noch dünnen Zweige bog, so daß die paar Früchte fast bis auf den Rasen hingen.

Dann war der Plan so weit gediehen. An jenem frühen dämmrigen Septemberabend, es gab damals noch keine Sommerzeit, schlichen wir zu zweien in den Garten. Nachdem wir uns vorsichtig nach allen Seiten umgeschaut und hinter dem erleuchteten Küchenfenster Heinrich beim Abendbrot gesehen hatten, nahmen wir behutsam einen Apfel nach dem anderen in die Hand und bissen einmal kräftig ab. Dann ließen wir die Frucht ganz langsam wieder los, sorgfältig

102

darauf bedacht, daß sie auch ja an dem dünnen Zweig hängenblieb.

Ob dieser ruchlosen Tat ließen wir uns eine zeitlang nicht auf dem Brinke sehen. Als wir uns danach dann doch wieder an den Ort des Verbrechens zurücktrauten, sahen wir aus respektvoller Entfernung, wie Heinrich die geschändeten Äpfel vom Baum riß und auf den Komposthaufen warf. Dann stand er mit so traurigem Gesicht vor seinem kleinen Apfelbaum, daß wir uns doch ein wenig schämten und uns gar nicht mehr so großartig vorkamen.

Doch die Tage der Reue währten nicht lange. Bald saßen wir wieder am Brinke auf der Kante der Böschung im Gras und sahen den Fuhrwerken nach und den Leuten, die ihr Fahrrad die Chaussee hinaufschoben. Es war zu verführerisch, ihnen von der erhöhten Warte aus etwas zuzurufen oder mit Kluten und grünen Äpfeln nach ihnen zu werfen. Die Distanz machte uns mutig, denn bevor die Leute ihr Rad an den Baum gestellt und die Böschung hinaufgekrochen , waren wir längst über alle Berge. Den so gesicherten Vorsprung konnte der Verfolger niemals aufholen, und das wußten wir.

Natürlich waren wir nicht so dumm, nach Hause zu laufen, denn dann wären wir ja zwischen zwei Fronten geraten, da in diesem Fall die Eltern auch zu den Gegnern gerechnet werden mußten. So rannten wir denn ins freie Feld, immer wieder fintenreich die Richtung ändernd, bis dem Verfolger die Lunge aus dem Halse hing und er erschöpft aufgab, nicht ohne vorher noch zu rufen: "Toif, ick kruige ji noa!"

Zu Zeiten geringerer Agressivität aber saßen wir einfach nur auf dem Brink und sahen dem Treiben auf der Straße zu; höchstens daß wir mal die Ziegen ein wenig ärgerten, die hier angepöhlt waren. Sie sprangen dann wie weiße Gemsen in wilden Sätzen an ihren Ketten im Kreis herum.

Manchmal rutschten wir in Pappkartons, die wir vom nahen Schuttplatz geholt hatten, die Böschung hinunter.

Stunde um Stunde kletterten wir, uns an den Grasbüscheln festhaltend, immer wieder nach oben, um erneut hinabzusausen, bis der Boden der Kartons durchgeschlissen war und unsere Hosen sich allmählich grün färbten.

Der Aufwind hier an dem kleinen Hang ließ die weißen Schwalben aus Papier besonders gut gleiten. Die Seiten vieler vollgeschriebener Hefte wurden zu immer neuen Fliegern gefaltet, die dann über den Graben und die Straße dahinschwebten. Landete aber einer dieser weißen Papiervögel auf einem vorbeikommenden Fahrzeug, so klatschten wir vor Begeisterung, obwohl wir den Flieger los waren. Die phantastische Vorstellung, daß er nun in die weite Welt getragen wurde, entschädigte uns reichlich für den Verlust.

Den Brink betrachteten wir als unser Hoheitsgebiet. Das Zelt aus Bohnenstangen und alten Säcken störte niemanden, auch wenn wir uns davor eine Feuerstelle einrichteten. Zündeten wir aber im Frühjahr die trockene Grasböschung an, und der Rauch zog in Schwaden über die Höhe, dann nahmen die Leute eilig die Betten aus den Fenstern, und das Schimpfen fand kein Ende. Als Erna Hafer aber dann mit einem nassen Aufnehmer die Flammen ausschlagen wollte, gelang ihr dieses auch; nur qualmte es jetzt um so schöner.

Den Brink hinunter führte ein Weg, der von den Gewitterregen vieler Sommer tief ausgewaschen war. Fuhr man hier mit dem Roller, so fehlte einem meist nachher ein Stück Fell auf der Nase. Mit dem Bollerwagen aber war er zu meistern. Das vordere und hintere Schüttbrett wurde herausgezogen und von innen an die Seitenwände gestellt. Der Steuermann auf dem Vordersitz dirigierte die Deichsel mit den Beinen, und hinten saß rücklings der Beifahrer, der mit den Füßen auf dem Boden für ständigen Anschub sorgte. So ging es bollernd den holperigen Weg hinunter bis weit unten auf die Straße, wo der Wagen dann gleichmäßig und ruhig weiterrollte. Vom Verkehr her drohte damals noch keine Gefahr, nur mußte man achtgeben, daß man mit der Deichsel nicht

104

an einen Chausseebaum kam. Dann brach sie ab, und es gab Ärger zu Hause.

Wenn der warme Wind durch das Gras der Böschung wehte, hörte man Sensedengeln auf dem Brink. Die "kleinen Leute" mähten Futter für die Schweine und Kaninchen und trugen den Grasschnitt in einem großen sackleinenen Tuch auf der Schulter nach Hause.

Mädchen saßen an der Böschung und flochten Kränze aus Steinklee. Uns interessierte mehr eine andere Pflanze, das Hirtentäschelkraut. Wenn man es den Mädchen auf den Kopf legte und drehte, so verzwirnte sich ihr Haar darin, und es ziepte so schön. Dann schrien sie und schlugen uns ihren eben geflochtenen Kranz um die Ohren, bis er kaputt war.

So war es nie langweilig auf dem Brinke. Tage und Wochen gingen dahin, und wir verlebten viele Stunden hier, durchweht vom Sommerwind.

Auf der Deele

Oma Budde besaß zwei Paar Holzschuhe, die mir besonders deswegen in Erinnerung geblieben sind, weil sie über dem Wrist nicht mit Leder beschlagen waren. Das war unüblich und verwunderte mich.

Ein Paar dieser seltsamen Holzschuhe stand ständig im Backofen. Die alte Frau saß den ganzen Tag davor in einem geflochtenen Korbsessel und strickte Strümpfe. An den Füßen trug sie das zweite Paar Holzschuhe. Aber von Zeit zu Zeit wechselte sie die Fußbekleidung. Dann kam das eben getragene Paar in den Backofen und die warmen an ihre Füße. Dieses Wechselspiel brachte auch Abwechslung in ihr Leben, und sie hatte nie kalte Füße, die sie als Ursache aller Erkrankungen erkannt hatte. Das fehlende Leder an den Holzschuhen aber erleichterte ihr das An- und Ausziehen.

Ihre Nerven waren wohl nicht die besten, denn wenn ich mit ihrem Enkel, meinem Spielgefährten, am Küchentisch "Mensch ärgere dich nicht" spielte und es dabei mal laut wurde, rief sie vom Backofen her: "Dat kann ick nich annen Koppe häbben. Spirlt man uppe Dial."

Über den Hausflur gingen wir dann eine Steinstufe hinab auf die kleine Deele. Hier hockten wir uns nieder und bauten das Spielbrett neu vor uns auf dem Boden auf, der mit roten Klinkern ausgelegt war, sauber verfugt. Eine andere Möglichkeit hatten wir nicht, denn ein Tisch fehlte auf der Deele.

An der Wand hingen Krüpersangen (Büschel trockener Bohnen) und verschiedene Kräuter. Es duftete nach getrockneter Kamille und Wermut, den ich sonst nur als schrecklich bitteren Tee kannte. Er wurde bei Magenbeschwerden verordnet, und wer als Kind so dumm war und "Bauchschmerzen" vortäuschte, wurde mit diesem schrecklichen Gebräu traktiert.

Die Krüpersangen aber wurden zu gegebener Zeit von der Wand genommen. Dann saß Oma Budde auf der Deele und schälte die Bohnen aus. Das Stroh warf sie in den Schweinestall.

"Du bist so dumm wie Bohnenstroh", sagte man bei uns, doch ich habe nie verstanden, was an diesem getrockneten Kraut besonders Dummes sein sollte.

Als Schweinestreu aber war es geeignet. Der Stall lag an einem Seitengang, der durch eine Tür von der Deele abgetrennt war. Hier standen auch der Köcher für das Schweinefutter, eine Schneidelade für die Runkelblätter und anderes Grünzeug und die große Schrotkiste.

Am Ende des Ganges aber befand sich der Abort. Wenn ich mal mußte, habe ich nie zu lange dort verweilt, schon wegen der lästigen Fliegen.

Aber auch das grunzende Schwein nebenan beunruhigte mich. Manchmal sprang es an der halbhohen Trennwand hoch, stellte seine Vorderbeine auf die Mauer und sah zu, wie man da saß. Dann suchte ich schnell wieder das Weite.

106

So unzulänglich die Umstände heute auch erscheinen mögen, so konnte man doch wenigstens trockenen Fußes dorthin gelangen, denn viele Leute hatten ihr Aborthäuschen noch draußen auf dem Hofe, was bei Durchfall und gleichzeitigem Gewitterregen schon ein Abenteuer war. Die Geruchsbelästigung im Hause hielt sich auch in Grenzen, da der Gestank aus dem Schweinestall ohnehin stärker auf die Deele drang.

Nur wenn der Bäckerwagen vorbeigekommen war und der immer eilige Bäcker das Brot in das offene Fenster gelegt hatte, durchströmte der warme Duft von frischem Brot die Deele.

Manchmal hörte man Hühner gackern, die auf dem Wiemen untergebracht waren, der hinter einem Lett (Tür) oberhalb des Stalles lag, und zu dem eine kleine Leiter hinaufführte. Von hier konnten die Tiere durch ein Loch in der Hauswand über eine Hühnerleiter ihren Auslauf erreichen.

Das Großartigste auf der Deele aber war zweifellos die Pumpe, die hinter einem mächtigen Spülstein aus Terrazzo in der Ecke neben der Tür stand. Jeden Sonnabend wurde der große runde Messingknauf am Ende des Pumpenschwengels mit Sidol geputzt, ebenso der Wasserhahn und der verzierte Abschluß des Pumpenrohres, bis alles in gelbem Messing glänzte. Der Terrazzospülstein aber wurde mit Sand und Imi gescheuert und mit einer Bürste geschrubbt, so daß auch er am Wochenende sauber strahlte, Stolz und Freude der Hausfrau. Daneben nahm sich die Wasserbank mit den grauen Zinkeimern eher kümmerlich aus.

Wasser und Schrubber beherrschten jeden Sonnabend die Deele, auch den Stallgang und die Steinplatten hinter dem Hause. Dann war auch hier jegliches Kinderspiel fehl am Platz, und wir wurden schon bald hinauskomplimentiert: "Goaht man uppen Wäg."

Das seifige Waschwasser rann in dünnem Rinnsal hinter uns her.

Auf dem Weg aber hatten sich Mädchen ein Hüpkekott (Felder für Hüpfspiele) in den Lehm gezeichnet, und sprangen unermüdlich auf einem Bein herum. Diesem Spiel kann man nicht lange zusehen, ohne bald im Fuß den Drang zu spüren, die Striche auf dem Weg wegzuwischen.

Als wir den Mädchen dann schließlich den Hüpkestein wegnahmen und in den Roggen warfen, lamentierten sie so lange, bis sie Oma Budde auf den Plan riefen, die uns dann erneut vertrieb: "Makt dat ji wegkurmt. Ji hät bleoß Laighoiten (Dummheiten) innen Koppe!"

Ja, es gab Tage, an denen wir nirgends gern gesehen waren.

Im Hof

Meine Mutter saß hinter dem Hause auf einer Fußbank, vor sich einen halb mit Wasser gefüllten Eimer, und schälte Kartoffeln. Das Messer zauberte Spiralen, die sich, immer länger wachsend, langsam zu Boden ringelten. Dann und wann hörte man es plumpsen, wenn die geschälten Kartoffeln in den weißen Emaille-Eimer geworfen wurden.

Auf der Mauer des Schweinehöfkens aber saß mein Vater mit zwei Nachbarn und unterhielt sich mit ihnen über Gott und die Welt, mehr über die Welt. Dabei hatten die Männer die Beine übereinandergeschlagen und wippten mit den Holzschuhen, wobei diese sich im gleichen Takt bewegten wie ihre zustimmend nickenden Köpfe.

Unser Hof war für mich eine eigene Welt, ein Zuhause, in dem ich mich geborgen fühlte. Hier fand man zu sich selbst, wenn man einmal voller Unruhe nach Hause kam. Hier wurde die Welt wieder zurechtgerückt und die Bedeutung der Dinge auf das ihnen zukommende Maß reduziert.

Als ich einmal wichtigtuerisch von der Schule heimkam und meinem Vater erzählte, der Lehrer habe uns gesagt, daß Frauen im Durchschnitt fünfzig Gramm Gehirninhalt weniger hätten als Männer, sah dieser kaum von der Arbeit auf und meinte gelassen: "Doafo wäg de Äß ober toijen Pund maier."

Ja, im Hof kam den Gegebenheiten dieser Welt eine eigene Wichtigkeit zu. Heute ging es um das Schwein. Gestern nämlich war mein kleiner Bruder über die niedrige Mauer in das Höfken gefallen, und das Tier hatte ihn mit der Schnauze hin- und hergerollt, so daß er, mit Dreck überzogen, kaum noch als Kind zu erkennen war. Hätte meine Mutter nicht zufällig im Hof zu tun gehabt, hätte es böse ausgehen können. So aber erholte er sich wieder in der Zinkwanne mit heißem Wasser, doch meinen Eltern steckte der Schreck noch in den Knochen.

Das Schwein mußte nun aber unbedingt einen "Brill" haben, damit es das Wühlen sein ließ. Mich hatte man zu Heinrich Breitenbürger geschickt, Schweinebrillen zu holen. Und nun hatte unser Nachbar, der in diesen Angelegenheiten als Fachmann galt, dem quiekenden Tier in einer schmerzhaften Prozedur diesen metallenen Kneifer auf die Nase gesetzt. Natürlich wehrte sich das Schwein. Es wurde von meinem Vater an einem Strick gehalten, mit dem man auch die Schweineschnauze zugebunden hatte.

Das Ganze war eine ziemliche Anstrengung für alle gewesen, doch das Tier hatte sich jetzt wieder beruhigt, und die Männer erholten sich auf der Mauer von der Strapaze. Sie hatten auch schon einen Schnaps getrunken, auch der Nachbar, der erst am Vortage zu viel davon gehabt hatte. Auf die Frage meines Vaters, ob er ihm denn schon wieder schmecke, antwortete er: "De Rui, de oinen birden häff, mot oinen äök wuier licken."

So hatte alles seine Ordnung und seinen Sinn. Das galt auch für den Frosch, der manchmal auf der feuchten Kellertreppe hockte, hier, wo im heißen Mittag die Kühle wohnte, und wohin meine Mutter sich zum Wurzelschrappen zurückzog, wenn es die Sonne im Hof gar zu gut meinte.

Dann saß der Fliegenschnäpper auf der schlappen Wäscheleine und schien in der Hitze vor sich hin zu dösen. Aber das täuschte. Der kleine graue Vogel ist ein immer wacher Jäger auf dem Ansitz. Ruckartig kommt Leben in ihn, er schlägt einen regelrechten Purzelbaum in der Luft, schnappt die prächtige Schwebfliege und hockt schon wieder auf der durchhängenden Wäscheleine, wo er im leichten Mittagswind hin und her schaukelt.

Über das Gras der Bleiche trippelt eine Bachstelze, und im Kirschenbaum turnt das Meisenpaar mit seinen zeternden Jungen, die hier geboren und groß geworden sind. Für die Kohlmeisen kann man einen Nistkasten getrost in den Kirschenbaum hängen, die bunten Schwarzkäppchen fressen keine Kirschen, wohl aber Kirschfliegen, und so sorgen sie dafür, daß nicht so viele Früchte madig werden.

Nur die Spatzen waren nicht so gern gesehen, da sie sich ungebeten in die Hühnerfütterung einmischten. Aber man tat den lebhaften Vögeln, die ständig auf der Flucht schienen, Unrecht; fraßen sie den Hühner doch auch die Maikäfer vor der Nase weg, die von Kindern immer wieder verbotenerweise in den Auslauf geworfen wurden.

Im Hof hatte alles seinen Sinn. Der Hauklotz, die Schiebkarre, die umgedreht am Birnbaum lehnte, damit kein Regen in ihr stehen blieb. Auch die Sense im Zwetschenbaum, die so hoch hing, daß kein Kind sie erreichen konnte, und die Mückenlarven in der Regentonne, mit denen ich meine Stichlinge im Einmachglas fütterte.

Auf dem Jauchekump und an der Höfkenmauer aber "blühte" der Mauersalpeter.

Unser Hof war für mich ein umfriedeter Bereich, ein Tempelbezirk sozusagen, abgeschieden von der übrigen Welt. Der Zaun, der ihn umgab, war stellenweise schon

110

morsch, aber er behütete den Hof, und die Zaunwinden, die mit ihren bleichen Blüten daran emporrankten, gaben ihm etwas Vornehmes. Hier brach sich der Wind, und abends schlief er ein hinter dem Fliederbusch. Dann kam nur noch manchmal der Igel vorbei, der nach Nachtschnecken suchte.

Hinter den Stangenbohnen

Im Frühjahr hatte die Sonne einen kleinen Busch Vergißmeinnicht an den Komposthaufen gemalt, eine bescheidene Welt in Blau, hier, wo es immer nach Spitzmäusen roch, die überall ihre Gänge in die lockere Erde gegraben hatten und in einer kleinen Mulde zwischen den verrottenden Gartenabfällen ihre Jungen säugten.

Nun aber duftete es hier nach Gurkenkraut (Dill), und die grünen kriechenden Ranken von Gurken und Kürbis hatten den Haufen überwuchert, so daß er kaum noch zu sehen war. Im Schatten ihrer großen Bläter hockte die Erdkröte, und der Garten verschwamm im Mittagslicht.

Da saß ich nun hinter dem Hause auf einer Fußbank neben meiner Mutter und mußte ihr helfen, Erbsen auszudöppen, die gut gediehen waren in diesem Jahr. Sie hatte einen großen Eimer voll davon gepflückt und sich dabei über die Spatzen geärgert, die schon so früh am Morgen über die süßen Hülsenfrüchte hergefallen waren, trotz der Vogelscheuche, die mein Vater zwischen die beiden Spann Erbsen gestellt hatte. Das Holzkreuz, dem er eine Jacke angezogen und einen Hut aufgesetzt, machte wohl keinen großen Eindruck auf die Vögel.

Die Früchte im Eimer neben mir wurden kaum weniger, obwohl ich eine Schote nach der anderen aufbrach, die grünen Erbsen mit dem Daumen herausstreifte und in die kleine Blechschüssel kollern ließ. Manchmal war eine wurmstichige darunter. Die durfte nicht mit in die Schüssel gelangen. Dabei war ich sehr aufmerksam und sorgfältig, mußte ich doch selbst mit von den Erbsen essen.

Die Zeit schlich nur so dahin. Ich rutschte ungeduldig auf meiner Fußbank hin und her und empfand die Welt als ein großes Strafarbeitslager. Als die Schoten im Eimer dann doch allmählich weniger wurden, fragte ich meine Mutter, ob sie den kleinen Rest nicht allein schaffen könne. Doch sie antwortete nur: "Dann duert et fo mui dubbelt säo lange." Gegen diese Logik kam ich nicht an. Also mußte ich sitzenbleiben, bis die blöde Erbsendöpperei beendet war; eine Arbeit, die an Stumpfsinn nicht ihresgleichen hat.

Es war nur gut, daß mich meine Spielkameraden dabei nicht sehen konnten, da sich an der Wegseite unseres Gartens eine lange undurchsichtige Reihe von Stangenbohnen entlangzog.

Hinter dieser grünen Mauer verborgen lag unser Gemüsegarten mit Dicken Bohnen, Krüpers (Buschbohnen), Erbsen, Kartoffeln, Möhren, Kohl, Zwiebeln, Gurken, Salat, Spinat und anderen "gesunden" Gewächsen, die ein Kindergaumen aber noch nicht recht zu würdigen weiß. Daher gab es nur wenig zu naschen, von jungen Möhren und Zuckererbsen einmal abgesehen.

Arbeit aber machte der Garten um so mehr. Das fing schon im Winter an, wenn der Schnee noch fußhoch hinter dem Hause lag. Der alte rostige Eisendeckel auf dem Jauchekump wurde geöffnet und mit der Jauchefülle ein Eimer nach dem anderen gefüllt, in den Garten getragen und über den Schnee geschüttet. Die Tropfenspur zog sich über den ganzen Hof. Mit dem Schmelzwasser sollte dieser flüssige Dünger dann im Frühjahr in den Boden ziehen.

Kam der warme Südwind früh im Jahr, dann wurden die Maulwürfe aktiv. Es ist eine Kunst für sich, einen dieser Samtröcke zu fangen. Man holt sich einen Spaten und nähert sich vorsichtig dem frischen Maulwurfhaufen. So leise aber

112

kann man nicht gehen, daß man von den sensiblen Wühlern nicht doch wahrgenommen wird. Da muß man Geduld haben und mit verhaltenem Atem mucksmäuschenstill neben dem Erdhaufen verharren, bis man die Nerven verliert - oder der Maulwurf wieder zu wühlen beginnt. Wenn man dann an der richtigen Stelle blitzartig zustößt und die Erde hochwirft, hat man den Maulwurf auf der Schüppe - vielleicht. Wie gesagt, es ist reine Nervensache.

Anders verhält es sich mit dem Umgraben des Gartens. Das ist Knochenarbeit, und abends tut einem der Rücken weh. "Wenne dat Land ümmegraben häs, dann halße den Planten von Kroigers", sagte mein Vater zu mir. "Den" Pflanzen sagte man damals, und ich fuhr mit dem Fahrrad zu Gustav Kröger und holte Pflanzen: Weißkohl, Rotkohl, Grünkohl, Kohlrabi und Porree.

Wenn das Gemüse angeschlagen (angewachsen) war, gedieh es prächtig auf der fetten Jauche und dem Mist, der schiebkarrenweise vom Schweinehöfken auf das Land gefahren und untergegraben worden war. Eine Freude, das Wachsen zu sehen.

Auch die dicken Bohnen waren gut aufgegangen. Doch nun saßen sie voller schwarzer Irmel (Blattläuse), und meine Mutter holte Tabakstaub und streute ihn darüber.

Die Erbsenbraken mußten vom Dachboden geholt und gesteckt werden, damit die Ranken der Erbsen Halt fanden. Auch die Bohnenstangen wurden durchgesehen und eine angebrochene oder morsche durch eine neue ersetzt. Dann mußte das Spann aufgebaut werden. Zwei Reihen gegenüber in den Boden gesteckt und zueinander geneigt, so daß sie sich oben kreuzten und an dieser Stelle durch Querstangen fest verbunden werden konnten. Ja, sie mußten richtig fest stehen im Wind. Stangenbohnen sind wichtig. Sie sind als Schnibbelbohnen besser geeignet als Krüpers. Zerbrochene Bohnenstangen aber muß man vor dem Hauklotz retten, denn sie sind gut als Zeltstangen zu gebrauchen.

War all dies aber gerichtet, so kam der Sommer über den Garten, und die Stachelbeeren und Johannisbeeren hinten am Zaun reiften unter seiner Glut. Morgens schimmerten die Tautropfen auf den Tomaten, und mittags schaukelten die Kohlweißlinge über dem Wirsing.

Die grüne Welt hinter den Stangenbohnen wuchs und gedieh in Sonne und Gewitterregen. Als eines Tages der erste herbe Geruch des nahenden Herbstes durch den Garten zog, gruben wir unsere Kartoffeln aus.

Und dann wurde es bald Zeit, die runden Köpfe der Sonnenblumen hereinzuholen, die schwer über dem Zaun herabhingen. Die Meisen hatten sie schon geplündert. Dabei sollten die ölhaltigen Samen ihnen als Winterfutter dienen, jetzt im Sommer sollten sie uns eigentlich die Raupen vom Kohl suchen.

Auf dem Feldweg

An dem alten rostigen Fahrrad klappern die Milchkannen, und der Ginster verblüht am sandigen Wegrand. Die vielen Fuhrwerke, die im Laufe der Zeit tiefe Rillen ausgefahren haben, schafften es nicht, den Knöterich zu besiegen. Immer wieder schiebt er seine kriechenden Ranken über den harten Weg, auf dem grüne Laufkäfer in der Sonne dahinhuschen.

In der Kurve, dort wo das Wasser den Sand zusammenge-spült hat, wohnt ein Fallensteller. Unter seinem sandigen Trichter versteckt hockt der Ameisenlöwe mit seinen gefähr-lichen Freßzangen und lauert auf die Ameisen, die ihm in die Falle laufen. Sind sie einmal in den Trichter geraten, können sie ihrem Schicksal nicht mehr entrinnen. Je mehr sie stram-peln, desto tiefer rutschen sie mit dem feinen rieselnden Sand in die Tiefe der Fanggrube. Ein paar Sandkörner fliegen hoch, und die Falle schnappt zu.

Die Ränder des Weges sind mit Strahlenloser Kamille überwuchert, und die wiesige Böschung an der Seite leuchtet gelb vom Löwenzahn. Kettenblume nannten wir ihn damals, denn seine Stengel lassen sich zu meterlangen Ringelketten verbinden. Dazu muß man die Blüte abreißen, den hohlen Stengel biegen, so daß man das dünnere obere Ende in das weitere untere Ende schieben kann. Auf diese Weise erhält man einen Ring, der sich mit vielen anderen Ringen zu einer Kette ausbauen läßt. Doch die klebrige Milch des Löwenzahns bekommt man schlecht wieder von den Fingern. Und wenn man dann ein Butterbrot ißt, schmeckt es bitter.

Manchmal kam Heinrich den Feldweg entlang, blieb auch wohl mal stehen und sah sich nach allen Seiten um. Glaubte er sich unbeobachtet, zog er eine Flasche aus der Innentasche seiner Jacke, entkorkte sie, setzte sie an den Mund und maß die Sonnenhöhe. Danach nahm er die Flasche näher in Augenschein, um den Pegelstand zu kontrollieren. Fiel diese Prüfung zu seiner Zufriedenheit aus, schob er die Flasche schmunzelnd wieder in die Tasche zurück und ging weiter.

Der Feldweg war uralt, älter als die Chaussee, wie man aus einer frühen Landkarte ersehen konnte. Generationen von Kindern waren ihn reifenschlagend entlanggelaufen und hatten einen Holzreifen oder später eine alte Fahrradfelge mit dem Stock vor sich hergetrieben, wobei sie geschickt den tiefen Wagenspuren auswichen.

Diese waren hier und da von den Leuten mit Bauschutt verfüllt worden, Steine, zerbrochene Dachpfannen und Mörtelreste. Doch manchmal war auch alte Dachpappe darunter, in der noch die breitköpfigen Nägel steckten. Dann zischte es plötzlich, wenn jemand mit dem Rad vorbeifuhr. Der Fahrer stieg ab, sah den Nagel in seinem Reifen, schimpfte auf die unvernünftigen Leute und schob ärgerlich nach Hause.

Auch wenn man den Schutt mit Erde überdeckte, der

Gewitterregen legte ihn immer wieder frei. Und der fiel oft reichlich in manchen Sommern. Dann bauten sich schon mittags dunkle Wolkentürme über dem Waldrand auf, es grollte in der Ferne, und der Regen ergoß sich über den Weg, als wenn es aus Eimern schüttete.

So schnell alles heraufgezogen war, so schnell war es meist auch wieder vorbei. Die Sonne schien, und wir wanderten unter dem Regenbogen den Weg entlang zu den Stellen, wo das Wasser Pfützen bildete, in denen es Lehm und Sand abgelagert hatte. Barfuß darin herumzutreten, wenn die Möttke (Schlamm) sich so schön durch die Zehen drückt, ist für Kinder ein Vergnügen höherer Art, und diese lehmige Kneippkur war eigentlich das Schönste am Gewitterregen.

In diesem Jahr aber meint es die Sonne besonders gut. Seit Wochen schon ist kein Tropfen Regen mehr gefallen, und unsere Füße laufen durch trockenen warmen Sand, auf dem sich die Fliegen sonnen.

Still ist es und Ende August. Der Sommer schläft hinter dem alten Kotten, an dessen sonnendurchglühter Lehmwand die längst verlassenen Nester der Mehlschwalben vertrocknen.

Über den Zaun nicken leuchtende Dahlien, und auf dem Platz vor dem Hause üben einige Mädchen Seilspringen im Schatten des mächtigen Apfelbaumes. Es ist kein Vogellaut zu hören, und sogar die Spinnen im Efeugeranke an der Südwand des Hauses scheinen in der Mittagssonne zu dösen.

Unten über dem Weg steht eine Staubwolke, die langsam näher rückt; Hundegebell ist zu hören. Blökend kommt die Herde langsam näher, hunderte von Schafsfüßen mahlen durch den Sand und wirbeln den Staub auf.

In diesem Meer aus Wolle muß der Radfahrer absteigen, er droht förmlich darin zu ertrinken. Die ewig hechelnden Hunde, die ununterbrochen die Herde umkreisen, nehmen keine Notiz von ihm. Auch nicht der Schäfer, der mit seinem Stab inmitten der schaukelnden Leiber dahinschreitet, als

ginge ihn das alles gar nichts an. Seinen Lodenmantel trägt
er trotz der Sonnenglut, er weiß genau, was gegen Kälte hilft,
schützt auch vor Wärme.

Auf einem Stoppelfeld hat er seine Hürden aufgebaut.
Wenn es Abend wird, treiben seine Hunde die Schafe dort
zusammen. Seit Tagen ist er hier zu Hause und wird es noch
ein Weilchen bleiben. Denn damals wurden die Stoppeln
nicht so schnell umgepflügt wie heute.

Daneben steht sein Schäferkarren, der aussieht wie ein
kleines hölzernes Haus auf Rädern, mit einer Hundehütte
darunter. Wenn es Nacht wird, kriecht er auf sein einfaches
Lager in dem alten Karren, allein auf brachem Felde unter
dem Tau der Nacht. Und nur die Sterne wachen über den
alten ausgefahrenen Feldweg.

Bei der Dreschmaschine

De Dömper kümp! Der Ruf schreckte die Menschen auf, jedes Jahr aufs neue, Erwachsene wie
Kinder.

Zu den größeren Bauern fuhr die Dreschmaschine auf den
Hof, für die Kuhbauern aber und die kleinen Leute, die nur
einen Scheffelsaat Land hinter dem Hause hatten, kam sie in
jedem Jahr, Ende August, auf den Brink oberhalb des Schuttplatzes.

Um einen Dömper handelte es sich nun eigentlich nicht
mehr bei dem Lohndruschbetrieb von Heinrich Petersmeier,
wie es amtlich hieß. Der Dreschkasten, wie die Leute jene
riesige hölzerne Kiste mit ihrem geheimnisvollen Eingeweide aus vielen Achsen und Rädern nannten, wurde schon
lange nicht mehr von einer Dampfmaschine angetrieben wie
ehedem, sondern von einem Lanz-Trecker, an dessen einer
Seite sich eine große Antriebsscheibe drehte.

117

Aber die Menschen blieben bei der alten Bezeichung, denn der "Lanz" dömpkerte ja auch, und die Männer, die Petersmeier halfen, nannten sie Dömperkerls.

Dabei behaupteten böse Zungen, es sei eigentlich einer zu viel beschäftigt, einer mehr, als man zum Betreiben der Dreschmaschine benötige. Dieser überzählige Mann sei dauernd unterwegs, um von irgendwoher Schnaps zu besorgen. Nun, hier auf dem Brink brauchte man ihn nicht, denn die Gastwirtschaft lag genau gegenüber auf der anderen Straßenseite.

Der alte Lanz kam qualmend die Straße herauf. Sein Auspuffrohr war vorn angebracht und senkrecht nach oben gebaut, so daß es sich ausnahm wie der Schornstein eines Ozeandampfers. Es stieß in regelmäßigem Rhythmus Bälle blauweißen Qualms aus, und der Dreschkasten lief auf seinen vier Rädern schaukelnd hinter dem Trecker her. Zum Schluß war noch ein kleiner Wagen angehängt für verschiedene Gerätschaften und allerlei Werkzeug.

So fuhr der aufsehenerregende Zug auf den Platz, und wer es bis dahin noch nicht gehört hatte, der merkte es jetzt, der Dömper war da. Aufgeregtes Rufen und Gestikulieren, schwierige Rangiermanöver, und der Dreschkasten wurde hin- und herbugsiert, bis er richtig stand.

Es war gar nicht so einfach und dauerte seine Zeit, bis alles seine Ordnung hatte. Die Strohpresse mit dem Selbstbinder mußte richtig stehen. Die langen Kaffrohre aus Eisenblech wurden an die "Waijemührlen" (Gebläse) angeschlossen und bis zum Rand der Böschung verlegt. Schließlich mußte der Trecker im richtigen Abstand stehen, damit der schwere Treibriemen von der Antriebsscheibe zum Dreschkasten gelegt werden konnte. Wenn alles fertig war, hatte man schon einen Schnaps verdient, ohne Zweifel.

Einen zweiten trank man, wenn alles richtig lief, denn inzwischen waren schon die ersten Getreidefuder die Straße heraufgekommen, und bald stand diese voll von den vielen Erntewagen, die aus allen Richtungen heranfuhren.

Sobald wir merkten, daß ein Fuder zur Dreschmaschine gefahren werden sollte, versuchten wir an dem Seil emporzuklettern, mit dem der Bindebaum festgezurrt war. So gelangten wir oben auf die Garben. Wurden die Pferde nun in weitem Halbkreis über den Platz geführt, damit man in die richtige Position längsseits des Dreschkastens gelangte, so streifte das Fuder stets unter den Zweigen des Baumes mit den Augustäpfeln her. Man mußte dann zwar aufpassen, daß einem diese nicht ins Gesicht schlugen, hatte andererseits aber die Chance, in die höheren Apfelregionen vorzudringen, denn unten war der Baum schon lange geplündert.

Vor Tau und Tag noch wurde die Lötlampe unter den Glühkolben des alten Lanz gestellt, damit er ansprang, und wenn der Treibriemen dann zu surren begann, wummerte die Dreschmaschine von Sonnenaufgang bis spät in den Abend der Grillen. Eilige Geschäftigkeit, lautes Zurufen. Man mußte gegen den Lärm der Maschine anschreien; ein ungewohnt turbulentes Leben herrschte auf dem Platz, wie sonst niemals im Jahr.

Immer neue Garben wurden dem Mann neben dem staubigen Schlund des Ungeheuers hochgereicht, der sie aufschnitt und langsam in den Kasten rauschen ließ. Ein tiefes Wummern war als Antwort zu hören. Das Messer war an seinem Handgelenk angebunden, damit es nicht in die Maschine geraten konnte, wenn es ihm mal entglitt.

Vorn an der Presse mußten die Strohbunde angenommen und weggetragen werden, und der Mann am Abfüllstutzen hatte es eilig, immer wieder neue Säcke darunterzubinden. Aber er war guter Laune, wenn er das Korn rauschen hörte. "Et gürlt geot", lachte er.

Die Dömperkerls hatten es eilig. Wenn nur das Wetter so blieb. Um den Hals trugen sie rote Tücher gebunden, damit ihnen die Strohstückchen und Grannen nicht in den Kragen fielen. Sie schwitzten, und ihre Gesichter waren grau vom Staub. Es war doch gut, daß sie einen überzähligen Mann hatten. So konnte im Wechsel doch wenigstens einer von ihnen sich bei Glösemeier in der kühlen Kneipe erholen, denn die Hitze und staubige Luft ließen die Kehle austrocknen.

Beim Wegtragen der Bunde halfen wir mit, nicht ganz uneigennützig, denn wenn diese nicht sofort abgefahren werden konnten, bauten wir uns Buden daraus, türmten sie zu hohen Pyramiden auf mit verborgenen Gängen wie einst beim Pharao. So lebten wir in einer Welt aus Stroh.

Noch interessanter aber war der Kaff. Das Gebläse wehte ihn aus dem langen Rohr, und wir hielten unsere Hände vor die Öffnung oder stellten uns mit dem Rücken in diesen Strahl aus Druschabfall. Von der Böschung aus konnte man in den täglich größer werdenden Haufen springen oder sogar gefahrlos einen Salto wagen. Wo und wann sonst war das möglich, einmal im Jahr nur, wenn der Dömper kam. Unsere Mütter schimpften, wenn wir nach Hause kamen, und wir lagen in der warmen Sommernacht noch lange wach und hörten bei geöffnetem Fenster die Dreschmaschine wummern. Wenn sie dann aussetzte und die Dömperkerls Feierabend machten, zirpten die Grillen.

Drachensteigen

Es war an einem jener Spätsommertage, bei denen man nie so recht weiß, ob man sie nicht doch schon dem Herbst zurechnen muß. Der erste kühlere Wind wehte über die Haferstoppeln, und die Schwalben sammelten sich schon in langen Reihen auf den Telefondrähten längs der Straße.

Den ganzen Nachmittag hatten wir uns auf der Horst herumgetrieben, und nun wollte ich noch bei Tischler Sewing vorbei, um mir Drachenleisten zu holen. Diese schmalen Holzbrettchen schienen damals in jeder Tischlerei so nebenbei abzufallen, aber wenn ich heute darüber nachdenke, werde ich den Verdacht nicht los, daß sie in mancher Werkstatt gesondert angefertigt wurden, um sie zu Beginn des Herbstes für die drachenbauenden Jungen bereit zu haben.

Wie dem auch sei, nun stand ich bei Gustav Sewing an der Hobelbank und sah ihm bei der Arbeit zu.

Alles, was hier vor sich ging, interessierte mich, und die lebendigen Linien auf schön gemasertem glatten Holz begeisterten mich schon damals. Bretter an der Wand, Späne und Sägemehl unter der Werkbank und über allem der Geruch von Kien und Tischlerleim, den ich stundenlang hätte einatmen mögen.

Doch da drückte mir der Tischler schon die Drachenleisten in die Hand, ehe ich danach fragen konnte, denn er wußte natürlich, was ein Junge wollte, der Anfang September nachmittags in einer Tischlerwerkstatt auftauchte.

Als ich anderntags von der Schule kam, brachte ich mir auf dem Heimweg Ölpapier mit, und nachdem ich dann Rechnen und Schreiben fertig hatte, begann ich mit dem Drachenbau.

Heute gibt es keine "Drachenkultur" mehr, sie ist zur Konfektionsware degradiert. Man kann die Windvögel in den verschiedensten Farben und Formen sozusagen von der Stange kaufen, und sie sind so perfektioniert, daß das kleinste Mädchen sie in den Wind bekommt. Damals aber war es ein aerodynamisches Unternehmen besonderer Art, und ein Papierdrachen, der im Höhenflug alle anderen übertraf, war der ganze Stolz seines Erbauers.

Die Konstruktion war im wesentlichen immer die gleiche, und seine Form hat in der Geometrie zu einer eigenen Bezeichnung geführt, indem man einen speziellen Rhombus als Drachenviereck bezeichnet.

Holzleisten, Bindfaden, Papier und Kleister - fertig ist ein Drachen. Doch die Arbeit mußte sorgfältig ausgeführt werden, sonst spalteten die Leisten, zerriß das Papier oder das Holzkreuz verschob sich. Alles wurde auf Maß geschnitten, bevor man beginnen konnte.

Ölpapier war besser geeignet als einfaches Packpapier, es feuchtete nicht so leicht durch, wenn der Windvogel einmal in ein nasses Rübenfeld stürzte. Das Wichtigste aber war eine lange Drachenschnur, die auf eine einfache hölzerne Haspel gewickelt wurde.

Liefen wir dann mit unserem Vogel gegen den Wind, so merkten wir bald, daß der mit Papierknäuel beschwerte Schwanz zu leicht war, denn der Drachen schoß hin und her und sauste kopfüber in den Klutenacker. Nun banden wir Kartoffelstrünke daran, die dann oft zu schwer waren und den Drachen wie eine flugunfähige Ente am Boden hielten. Ja, es war mühevoll, den Schwanz richtig auszutarieren.

Stieg der Papiervogel endlich aber ruhig und stetig vor dem Stoppelwind, so gewann er rasch an Höhe. Wir gaben ihm Schnur, so viel er brauchte, und der dumme Terrier hatte es längst aufgegeben, bellend hinterher zu laufen, um nach dem Schwanz zu schnappen.

Da stand er nun hoch über dem Feld und konnte auf den Schäferkarren und die vielen Schafe hinabsehen. Manchmal zog eine Wolke an ihm vorbei, und neben ihm rüttelte der Turmfalke und stand wie ein großes Blatt am Herbsthimmel über den Stoppeln. Auch der Flieger, der über dem Drachen dahinbrummte, konnte ihn nicht erschüttern. Nicht einmal der Luftgewehrschütze, der spaßeshalber nach ihm schoß. Seine Büchse trug nicht so weit; unser Drache schwebte hoch über allem Irdischen.

Wir wurden hochmütig, und um die Überlegenheit unseres Drachens zu demonstrieren, gaben wir die Haspel mit der Schnur aus der Hand, legten sie auf den Boden und beschwerten sie mit einem Sein. Nichts geschah, der Vogel stand ruhig am Himmel wie zuvor. Nun trugen wir

122

unsere Selbstsicherheit zur Schau und spazierten gleichgül-
tig auf und ab, als kümmerte uns das Schicksal des Drachens
gar nicht.

Aber irgendwann wird auch das Angeben langweilig. Nun
rissen wir kleine Papierstückchen ein, klemmten sie auf die
Drachenschnur, und der Wind trug sie nach oben. Wir schrie-
ben Botschaften auf die Zettel, die nie jemand las, trotzdem
taten wir sehr wichtig, und die anderen durften das Geschrie-
bene nicht sehen.

Und doch wurden wir geschlagen. Weiter unten im Feld
baumelte an einem fremden Drachen eine brennende Papier-
laterne. Wie war das möglich? Wie war sie nach oben ge-
langt? Alle hatten nur noch Augen für die bunte Laterne am
Herbsthimmel. Unser Drachen war ein Nichts dagegen, ein
Paria geradezu. Und da es allmählich zu dämmern begann
und ein leichter Dunst sich über die Stoppeln bis zum Wald
hinzog, holten wir unseren Papiervogel langsam ein.

Auch der Marienkäfer, den wir auf den Kartoffelstrünken
am Schwanz unseres Drachen entdeckten, und der eine stun-
denlange Luftreise mitgemacht hatte, konnte unsere Nieder-
lage nicht mehr abwenden, so sehr wir auch bemüht waren,
damit Aufmerksamkeit zu erregen.

Doch die Genugtuung für uns kam einige Tage später.

Als der erste kräftige Herbstwind über die leeren Felder
wehte und nachts die noch grünen Äpfel von den Bäumen
riß, fanden wir des Nachmittags einen zerrissenen Drachen
in den Zweigen der Eiche verheddert. Neben ihm hing die
bunte Laterne und baumelte im Wind.

Unterm Apfelbaum

Der alte Apfelbaum in unserem Garten war etwas Besonderes. In seinen Zweigen wohnte das Jahr, die Sonne und der Wind, kalte Märzmorgende und die milde Nachmittagsglut des Oktober. Saß man im Herbstduft der reifen Früchte unter seinem vergilbenden Blätterdach, hätte man die Uhren anhalten mögen. Immer wenn ich später zufällig auf das Apfelbaumgedicht von Ludwig Uhland stieß, sah ich sofort den alten Baum in unserem Garten vor mir stehen.

Ein Kirschbaum trägt süßere Früchte und ein Birnbaum saftigere, aber ein Apfelbaum bleibt ein Apfelbaum.

Schon mitten im Winter herrschte in seiner gewaltigen Krone ein reger Betrieb, wenn die Kohlmeisen und Blaumeisen zwischen den Ästen umherflogen, um in der grauen borkigen Rinde nach Insekten zu suchen. Das eigentliche Leben aber wuchs im Verborgenen, im Dunkel der Winternacht. Es wohnte in den Zweigspitzen und Knospen, und wenn mein Vater an einem eisigen Januarmorgen durch den Garten ging, vor dem Apfelbaum stehen blieb und ihn eingehend betrachtete, konnte man ihn sagen hören: "Düt Joahr giv et ruiklich Äppel."

Mir war es unverständlich, woher er das wußte, jetzt, mitten im Winter. Aber die Blütenfülle im jungen Mai mit ihrem unendlichen Bienengesumm gab ihm jedesmal recht. Dann hat er es mir erklärt, hat mir gezeigt, Blatt- und Blütenknospen zu unterscheiden, und ich habe viel gelernt vom Apfelbaum.Seine blühende Pracht im Frühjahr aber läßt mich noch heute jedes Jahr innehalten.

Damals ragten die Äste des alten Baumes weit über Hof und Garten. Die unteren waren wohl beindick und erstreckten sich in alle Richtungen. Unter ihrem Schutz fühlten wir uns zu Hause, beim schmetternden Gesang des Buchfinken, der auf einem der Äste jedes Jahr wieder sein Nest bezog. Diese Vögel lieben dicke waagerechte Zweige an Apfelbäu-

124

men, auf ihnen bauen sie, graugrün wie die Rinde, ihr Nest aus Haaren und Moos. An keinem anderen Ort habe ich je ein Buchfinkennest gefunden, und wenn es nach mir ginge, müßten diese prächtigen Vögel Apfelbaumfinken heißen.

Ein anderer der gewaltigen Äste hatte ebenso mit Federvieh zu tun, er ragte nämlich weit über unseren Hühnerstall aus Holz und Teerpappe und über den mit Maschendraht eingezäunten Auslauf der Tiere.

Wie mir schien, wuchsen ausgerechnet an diesem Ast stets die schönsten Äpfel, die dann leider immer im Hühnerdreck landeten, wenn ein früher Herbstwind sie vom Baum warf. Nun konnte man sie zwar gründlich abwaschen, aber es blieb ein Abenteuer, die Äpfel aus dem Auslauf zu holen, da einem dabei fast immer der dämliche Hahn aufgeregt flatternd auf den Kopf sprang; bis mein Vater ihn schlachtete.

Ein Baum mit waagerechten Ästen hieß bei uns Schaukelbaum, und als solchen konnte man nun auch unseren Apfelbaum bezeichnen, da er genügend Äste dieser Art aufwies. Und an einem hatte mein Vater nun Stricke gebunden, in die man unten ein Sitzbrett einlegte. Die Schaukel war fast immer besetzt, und sie trug uns hoch, fast bis in die grüne Blätterwelt der Äpfel.

Der letzte der dicken Äste aber erfüllte weiter keinen besonderen Zweck. Er zeigte nur auf das Runkelbult (Rübenmiete) hinten am Zaun, wo der Girsch wucherte. Doch hier wuchs auch eine riesige Rhabarberhucht (Rhabarberbusch), an deren Stengeln wir lutschten, bis sich der Mund zusammenzog. Sie waren so sauer, wie es sich ein Kind unserer Tage wohl kaum vorstellen kann. Nur ganz selten gelang es uns, in einem unbeobachteten Augenblick, das Ende eines solch grünen Stengels einmal in die Zuckerdose zu tauchen. Wer jemals rohen Rhabarber gelutscht oder gar gegessen hat, weiß, was ich meine.

Aber Schatten spendetete der Apfelbaum, und das war an heißen Sommertagen wohl das Beste an ihm. Meine Mutter holte den alten Küchentisch aus dem Keller und stellte ihn unter den Baum. Die Schnibbelmühle wurde angeschraubt, und dann schnibbelte sie Stangenbohnen. Stundenlanges Kurbeln im Schatten des Apfelbaumes für den Fitzebohnenpott im Winter.

Später dann stand der Kumsthobel auf dem Tisch, und die blanken Weißkohlköpfe wurden zu Sauerkraut verarbeitet. Immer wieder Schieben über die haarscharfen Messer; der geraspelte sauberweiße Kohl fiel in die graue Zinkwanne und sammelte sich zu einem schimmernden Haufen.

Erbsenausdöppen, Wurzelschrappen, Kartoffelschälen, alles geschah im kühlen Schatten des Apfelbaumes. Hier ließ es sich angenehmer arbeiten als im Hause, und ich glaubte, der leichte Sommerwind erheiterte auch das Gemüt. Oder lag es an dem Johannisbeerwein, den mein Vater hier ansetzte und den er dann ins Haus trug, wo er hinter dem Küchenherd wochenlang vor sich hin gärte.

Apfelpflücken im Herbst. Nein, keine Plastikkörbe, damals waren sie noch kunstvoll und mühesam aus Weiden geflochten, und wenn man sie gefüllt hineintrug, nahm man den Duft des Sommergartens mit ins Haus.

Apfelpflücker mochte mein Vater nicht. Er holte die Früchte mit der Hand und hielt auch mich zu vorsichtigem Umgang mit dem Fruchtholz an. "Wenn man dat nich vosichtig maket, plücket man de Äppel vo naichstet Joahr oll met", sagte er dann. Ja, vom Apfelbaum habe ich viel gelernt.

Nichts durfte verderben damals. Fallobst wurde zu Apfelmus oder zu Trockenobst verarbeitet, und nur selten blieb etwas liegen für Igel und Amsel. Die herbstdunkle Abendstille im Haus aber duftete nach Äpfeln, wochenlang, sogar aus dem Wäscheschrank strömte der Geruch des Gartens. Bis weit in den November aber sang das Rotkehlchen in der Dämmerung aus dem Apfelbaum.

An der Böschung

Ein Zelt wurde aus zerbrochenen Bohnenstangen und alten löcherigen Kartoffelsäcken errichtet, eine Bude bauten wir aus Brettern, getarnt mit abgebrochenen Zweigen oder Kartoffelstrünken, einen Bunker aber gruben wir in die Erde. Bei leichtem Sandboden allerdings läßt sich ein solches Vorhaben nicht verwirklichen. Nein, man braucht dazu festen schweren Lehmboden, Boden, der steht, wie man hier sagte, damit die gegrabene Höhle nicht einstürzt und womöglich die eifrigen Mineure unter sich begräbt. Nein, das wäre zu gefährlich.

Die lehmige Böschung, mit der das kleine Feldgehölz zu den Bachwiesen abfiel, bot nun die geeigneten Bodenverhältnisse, und wir hatten uns vorgenommen, hier unseren Bunker zu bauen. Am Rande der Wiesen, zu Füßen der Lehmwand, wuchs dazu noch einiges Erlengestrüpp, so daß unser Vorhaben gut getarnt und auch von der offenen Seite her wenig einsichtig war. An der Stelle, die wir uns ausgesucht hatten, stand oberhalb der Wand eine große alte Buche, und wo der Lehm abgebröckelt war, ragten ihre dicken Wurzeln in die Luft und hingen weit über die Böschung hinab, zusammen mit einigen langen Brombeerranken, deren erdigbraune Früchte niemals zu reifen schienen.

Wir waren nicht die einzigen Erdarbeiter am Ort. Hummeln krochen hier aus ihren Löchern, und überall hatten Mäuse ihren Unterschlupf. An verschiedenen Erdhaufen konnte man erkennen, daß einst ein Fuchs hier seinen Bau hatte. Aber nun war der längst verlassen, und seitdem Reinecke hier nicht mehr wohnte, waren die Kaninchen in die Böschung gezogen.

Als wir zu graben begannen, wurde es schon fast herbstlich auf den Feldern, und in den Wiesen hingen die letzten Sommertage. Rufe und Wagenräderknarren waren verstummt, und die Buchen schienen zu schlafen, baumwurzelalt.

Wir hatten uns vorgenommen, recht umsichtig zu Werke zu gehen, damit niemand unseren Bunker entdeckte. Aber es stellte sich heraus, daß allein schon die Beschaffung von Spaten und deren unauffälliger Transport zur Baustelle gar nicht so einfach zu bewerkstelligen waren. Jeden Abend mußten sie wieder blitzblank an der Wand hängen und am nächsten Nachmittag, wenn wir unsere Hausaufgaben fertig hatten, wurden sie wieder unauffällig aus dem Hause geschmuggelt.

Das Graben selbst war Knochenarbeit, und immer wieder stießen wir dabei auf Baumwurzeln, die durchschlagen werden mußten. Dennoch kamen wir gut voran und wühlten uns Tag um Tag tiefer in den Lehm, bis einer von uns plötzlich der alten Wahrheit inne wurde, daß sich der Maulwurf durch die Erdhaufen verrät. Wohin mit dem Lehm, der sich schon verräterisch hoch auftürmte? Ihn in Eimern fortzutragen, schien zu beschwerlich, und den Kullerwagen von zu Hause holen, wäre zu auffällig gewesen. Also mußte unsere Bollerkiste (Seifenkiste) zum Transporter umgerüstet werden.

Dieses Fahrzeug bestand eigentlich nur aus einem Brett, unter dem Kinderwagenräder montiert waren, die wir auf dem Schuttplatz gefunden hatten. Mit dem Meißel meines Vaters wurden die Achsen mühevoll von dem Wagengestell geschlagen. Ein Schlosser bohrte uns ein Loch in die Mitte der Achse, damit wir eine Lenkvorrichtung bauen konnten. Unsere Bollerkiste ließ sich wunderbar steuern, sie hatte sogar ein Lenkrad, das durch zwei Bindfäden mit den beiden Enden der Vorderachse verbunden war.

Und nun wurde dieser Wagen umgerüstet. Dabei hatten wir das Glück, vom Stallboden der Gastwirtschaft eine alte Kiste "besorgen" zu können, die auf den hinteren Teil der Bollerkiste genagelt wurde. Der Lehmtransport konnte beginnen, Wagen für Wagen schoben wir in den Wald, wo wir ihn verteilten und mit Fallaub bedeckten, um alles gut zu tarnen. So mühevoll hatten wir es uns allerdings nicht vor-

128

gestellt, und wer einmal nur einen halben Kubikmeter Erde lose auf einen Haufen geschüttet vor sich sah, wird mich verstehen. Es war eine Sklavenarbeit, und meine Mutter hätte ihren sonst so faulen Jungen nicht wiedererkannt.

Wir schufteten wie die Kulis; der Bau der chinesischen Mauer war bestimmt nichts dagegen. Aber schließlich hatten wir es doch geschafft. Das Jahr allerdings war nun schon ein Stück fortgeschritten, und der Sommer schlief längst in der Spechthöhle.

Wohnen in einem Bunker, zu Hause sein in einem eigenen Heim mit Brombeerranken als Gardinen vor dem Eingang. Wir fühlten uns wie die Könige und freuten uns sogar über die Maus, die als Untermieter bei uns eingezogen war.

Den Boden hatten wir mit Kartoffelstrünken bestreut, damit wir weich lagen, aber wir bauten uns auch eine Bank aus Ziegelsteinen mit einem Brett darüber, und in den seitlichen Lehm war sogar ein Wandbrett eingesetzt, auf dem unsere gestohlenen Äpfel lagerten.

Hier verbrachten wir unsere Nachmittage, aßen und rauchten, bis uns weiß um die Nase wurde. Wir lebten in einem fernen Land, und die Kühe auf der Weide wurden in unserer Phantasie zu einer Elefantenherde, die auf der Savanne graste. So träumten wir in den Herbst und wußten nicht die Zeit. Rehbraun rauschten die Buchen hinter uns.

Als wir eines Nachmittags wieder zu unserem Bunker wollten, stand der alte Lindemann dort, zusammen mit einem anderen Mann, den wir nicht kannten. Wir versteckten uns und beobachteten, wie die beiden alles untersuchten, und sahen, daß sie immer wieder mit dem Kopf schüttelten. Zerstört haben sie aber nichts. Vielleicht geschah es aus Hochachtung, eine Einstellung, die uns sonst nie entgegengebracht wurde.

Als die beiden dann an unserem Versteck vorbeischlürten, sagte der Fremde: "Wo hätt de bleoß de Aiern loten?"

Aber der alte Lindemann wußte es auch nicht.

Kartoffelfeuer

Es mag sein, daß der Dunst im September ein bißchen Melancholie verbreitet, aber durch ihn hindurch wärmt die Sonne meiner frühen Jahre, und untrennbar mit ihm verbunden ist die Erinnerung an den Herbsttraum einer Kindheit auf dem Lande, an die Kartoffelfeuer.

Wenn die ersten silbrigen Fäden in der milden Nachmittagssonne durch die Luft segelten und die Krähen über einen weiten hohen Himmel zum Waldrand ruderten, wenn es in der Rotkehlchenstunde der frühen Dämmerung zum ersten Mal nach verwesendem Kartoffelkraut roch, dann war unsere Zeit bald gekommen.

Wer in der Erinnerung an die qualmenden Feuer von Umweltverschmutzung redet oder meint, es sei eine stinkende Unsitte gewesen, wie jedes andere Flämmen auch, der hat nie auf brachem Felde an seiner glimmenden Glut gesessen, wenn das Sternbild des Großen Bären immer höher in den Zenit stieg. Nein, ein Kartoffelfeuer war ein Lebensstil, fast eine Philosophie.

Es war das wichtigste Ereignis im Herbst, und in der Schule gab es sogar eigens Ferien dafür, die sogenannten Kartoffelferien. Nun, um genau zu sein, gemeint war eigentlich, daß die Kinder in dieser Zeit beim Kartoffelaufsuchen helfen sollten. Das machten wir auch, aber das tagelange Bücken auf dem Felde hinderte uns nicht daran, den wahren Sinn dieser Ferien im Kartoffelfeuer zu sehen.

Doch davor hatten die Götter den Schweiß gesetzt. Es gab schmerzende Rücken und verkratzte und geschundene Beine.

Nachdem die Enden der langen Kartoffelreihen mit der Forke losgegraben waren, konnte der Roder ansetzen, und der ratterte und klapperte dann tagelang das Feld auf und ab. In weitem Bogen flogen Erde und Kartoffeln zur Seite. Kinder und Frauen bückten sich nach dem Segen der Erde, sammelten ihn in Körbe, die dann von Männern in die auf dem Feld verteilt aufgestellten Kastenwagen entleert wurden.

Kaum waren die braunen Knollen aufgesammelt, hörte man hinter sich schon wieder das Schnauben der Pferde. Eine Pause war nicht möglich, es sei denn, man gönnte den Tieren eine Rast, dann konnten auch die Leute verschnaufen; denn die Pferde bestimmten das Tempo, und der klappernde Roder, der immer wieder Erde und Kartoffeln durch die Luft schleuderte .

Aber eines Tages war es dann doch geschafft, und die "Maulwürfe" konnten sich aufrichten und stemmten die Hände in die schmerzenden Rücken. Gottseidank. Nur der Gedanke an Reibekuchen aus frischen Kartoffeln mochte sie trösten. Die Kinder aber erholten sich recht bald, jedenfalls lieferten sie sich eine ausgedehnte Klutenschlacht, bevor der erste Wagen mit Kartoffeln vom Felde rollte.

Dann fuhr die Harke über den leeren Acker und sammelte die Kartoffelstrünke zu großen Haufen. Das Pferd schnaubte in den dunstigen Septembernachmittag und über dem abgeernteten Feld rüttelte der Turmfalke, nach Mäusen Ausschau haltend. Die Kinder aber suchten in der frischen Erde nach liegengebliebenen Kartoffeln. Möglichst klein sollten sie sein, sogenannte Schweinekartoffeln, denn die dicken wurden in der Glut des Kartoffelfeuers meist nicht richtig gar.

Einen Arm voll Stroh unter das trockene Kartoffelkraut, und schon brannte der erste Haufen, verhalten noch, doch dann brachen sich die Flammen Bahn und loderten in den Dämmerhimmel. Weiter unten brannte das zweite Feuer und bald loderten die Flammen überall in den hereinbrechenden Abend. Der tiefziehende Rauch mischte sich mit dem Dunst des Herbstes. Er verbreitete sich über das Land, verwandelte und verzauberte es auf eigentümliche Art. Selbst in der Stadt vernahm man den herben Duft der Flurfeuer, und mancher blieb einen Augenblick verweilend stehen und erinnerte sich an seine frühen Jahre.

Mit den Kartoffeln aber mußte man warten, bis die Flammen zusammenfielen und nur noch die Glut wie ein rotes Auge in der Dunkelheit leuchtete. Dann warfen wir sie hinein, hockten uns um das Feuer herum auf die Erde und warteten, die Gesichter erhitzt. Und vom Waldrand her rückte der Abend näher, spinnwebengrau.

Erstes Stochern in der Glut, mit einem angespitzten Stock versuchte der Ungeduldige, der nicht länger warten konnte, die erste Kartoffel herauszupicken. Natürlich gab er nicht zu, daß sie noch halb roh war; sie schmecke schon ausgezeichnet, behauptete er.

So holten wir nach und nach unser Abendbrot aus der Glut, verbrannten uns die Finger vor Ungeduld, denn nur selten brachte jemand so viel Gelassenheit auf, die gegarten Kartoffeln erst zur Abkühlung in ein Erdloch zu legen. Einen schwarzen Mund aber bekamen alle, die Getriebenen wie die Abwartenden. Und die feste Überzeugung, selten so etwas Schmackhaftes gegessen zu haben, erfüllte uns mit Genugtuung.

Den Geruch im Haar aber wurde man tagelang nicht los, und wenn wir schließlich gesättigt übers rauchige Feld nach Hause gingen, rochen wir von oben bis unten nach Kartoffelfeuer. Die Mutter zog die Nase kraus. Abendbrot bot sie uns nicht an, da, wie sie meinte, die Herren ja wohl schon gespeist hätten. Sie nahm es gelassen, nur den drohenden Hinweis auf den Spülstein und die Seife konnte sie sich nicht verkneifen.

Eine Maus huschte über die Diele, und die Uhr tickte in den Abend. Nun roch auch schon das Kopfkissen nach Kartoffelfeuer, und in der Nacht zirpte das Heimchen. Septembersonne unserer Kindertage.

Am Waldrand

Es begannen die Tage der Schlehen, sonnige himmel-
hohe Oktobertage, und die blauen bereiften Früchte
hingen schon ein wenig zusammengetrocknet an den stacheligen Zweigen, wie der Herbst selbst, süß und bitter. Braune
Blätter trieben im leichten Wind schon seit Tagen durch den
Wald, mal hierhin, mal dorthin wirbelten sie, ein wenig
zigeunerisch, und der Nachmittagsdunst dämpfte ihre Farben
zu Pastell.

Ich war durch das Holz gelaufen auf der Suche nach
Haselnüssen, die nun vor der milden Sonne vom Strauch
fielen und in das trockene Fallaub plumpsten. Beide Hosentaschen hatte ich voll und saß jetzt auf meiner Wurzelbank
am Waldrand vor dem alten Harboikenneost (Stubben der
Hainbuche), hatte meine Absätze in den Lehm der Böschung
gestemmt, sah den Fäden nach, die silbrigweiß durch den
Nachmittag segelten, und träumte ein wenig von den Wäl-
dern Kanadas und von Indianern.

Altweibersommer am Waldrand. Fritz Ransiek kam mit
einer Forke über der Schulter vorbei und sprach mich an:
"Häs diu nix anners to don, os huier inne Sunnen teo sitten?"
Nein, ich hatte nichts anderes zu tun, ich saß nur hier und
knackte meine Nüsse. Frisch schmeckten sie am besten, die
auf dem Weihnachtsteller sind schon Mumien dagegen.

Hinter mir rief der Higer (Häher), und an der glatten Rinde
der Buche rasselte das Eichhörnchen. Ob es wohl mit meinen
Nüssen liebäugelte? Mochte es sich selbst welche suchen; es
gab reichlich in diesem Jahr, auch Bucheckern und Eicheln,
und die Leute hatten schon eine harten Winter prophezeit.

Gegenüber in der Hegge suchte eine Frau Brombeeren,
die hier an der Sonnenseite sogar reif wurden. Sie sammelte
die Früchte in ihrem kleinen Blecheimer. Zu Hause würde
sie Marmelade kochen für den Winter. Ja, im Herbst ließ es
sich gut leben hier am Waldrand, für Mensch und Tier, aber

die Früchte mit dem herzhaftesten Aroma waren nun zweifellos die Brombeeren, wenn man den Schlehenschnaps einmal außer Betracht ließ.

Die Sonne malte Kringel auf die grüngoldene Schattenwand hinter mir, und die roten Beeren des Hülsdorn leuteten wie Rubine im Wald. Über den Fliegenpilz krabbelte ein dicker glänzender Käfer, und an vielen Eichenblättern hingen die Gallen wie kleine braune Äpfel.

Die Eichengallwespe hat dort gewohnt. Aus dem Ei im Eichenblatt schlüpfte die Made und fraß und fraß, und der Baum versuchte immer wieder, die Wunde zu schließen, bis ein dicker runder Ball entstand. Nun ist das Insekt geschlüpft, treibt sich irgendwo am Waldrand herum. Die kleine runde Galle aber rührt kein Vogel an, sie schmeckt zu bitter.

Hinter mir höre ich eine Maus im Laube rascheln, und dann sehe ich sie, wie sie eilfertig eine Buchecker in ihr Loch unter der Wurzel trägt. Die letzten leuchtenden Vogelbeeren aber, die hier und da noch im Grase liegen, holt sich die Amsel.

Mich hatten die Haselnüsse in den Wald gelockt, aber inzwischen waren meine Hosentaschen leer. Ich saß wohl eine lange Zeit hier auf meiner Wurzelbank in der Sonne und hatte kaum gemerkt, daß diese schon ziemlich tief über der Hegge hing.

Doch bevor ich aufstand von meiner Bank hier vor dem windstillen Wald, sollte ich eigentlich noch meinen Wanderstock verzieren. Dazu hatte ich ihn ja aus dem Nußbusch geschnitten. Einen geraden, möglichst glatten, daumendikken Stock hatte ich mir ausgesucht.

Manchmal, wenn man Glück hat, findet man einen Nußtrieb, um den sich die Ranken des Jelängerjelieber gewunden haben, Im Laufe der Zeit sind diese dann in die Rinde eingewachsen, und wenn man sie herauszieht, hat man einen wunderschönen Wanderstab, der mit einer spiraligen Rille verziert ist.

Hat man weniger Glück, so kann man der Natur nachhelfen. Zuerst werden die beiden Enden glatt und sauber geschnitten. Dann setzt man ein scharfes Taschenmeser auf den Stock und dreht diesen langsam ins Runde, wobei man etwas Druck auf das Messer geben muß, das dadurch spiralig in die Rinde schneidet. Wiederholt man diesen Vorgang in etwa einem Zentimeter Abstand von der ersten Schnittspur, so kann man schließlich den schmalen Rindenstreifen abziehen und erhält so einen fast ebenso schön verzierten Wanderstab. Nur zum Anfassen muß man ein gut handbreites Griffstück freilassen.

Nun wandere ich durch den Oktobernachmittag nach Hause. An der Gartenwirtschaft setze ich mich auf einen Stuhl unter der mächtigen Kastanie und fühle mich wie in gelbes Licht getaucht. Kastanien kann man nicht übersehen, nicht die großen klebrigen Knospen, nicht die hellen Blütenkerzen und erst recht nicht die stacheligen Igelfrüchte.

Die Sonne hatte sie locker gebrütet, und die braunglänzenden Kastanien schauten hervor. Kastanien sind einfach schön, und die magische Anziehungskraft auf Kinderaugen ist verständlich. Ich hatte sie einst auch gesammelt und Pfeifen, Männchen und Ketten daraus gebastelt. Dazu fühlte ich mich nun schon zu groß, obwohl ich wußte, daß auch Erwachsene sie in der Tasche trugen als Schutz gegen Rheuma.

Nun, an Rheuma dachte ich noch nicht, aber ich sammelte mir trotzdem die Taschen voll, konnte ihrem Glanz nicht widerstehen. Zu Hause würde ich sie einfach auf die Fensterbank legen.

Da lagen sie noch Weihnachten. Sie waren inzwischen runzelig geworden und hatten auch ihren warmen Glanz verloren. Aber ich ließ sie liegen, und immer wenn ich sie sah, erinnerten sie mich an die hohe Weite sonniger Tage.

Auf dem Jahrmarkt

Roo-saa-mundeee, schenk mir dein Herz und dein Jaaa." Der Lautsprecher dudelte es unermüdlich, und die Melodie schwebte über die Menschenmenge auf dem Marktplatz und darüber hinaus durch die kleine Stadt. Wer in Windrichtung wohnte, hatte den ganzen Nachmittag musikalische Unterhaltung und brauchte dazu nicht einmal seine Schuhe anzuziehen.

Aber viele Leute hatten sie angezogen, schön blank geputzt, und waren auch sonst feingemacht und stolzierten nun unter lauter fröhlichen Menschen durch das bunte Treiben des Jahrmarktes.

Vor der Bude mit den Solinger Stahlwaren aber stand Heini Hobel und wollte ein Messer kaufen. Deshalb verhandelte er nun mit dem Mann hinter dem Verkaufstisch: "Wat kost dat denn?"

"Zwei Mark fuffzig."

"Do krig man jo oll nen nuijet vo."

"Das Messer ist doch neu."

"Nai, dat es jo oll rusterch."

"Das ist ein Solinger Messer, das ist nicht rostig."

"De Name döt et äok nich, dat Mest es rusterch."

Heini kaufte kein Messer; er schob sich weiter durch das Menschengewühl zur nächsten Bude.

Auch wir drängelten uns durch die Menge, stießen bei diesem oder jenem an und bekamen von angeschubsten Leuten manchmal Ohrfeigen angeboten. Dabei hätte man Verständnis dafür haben müssen, daß wir es heute eilig hatten. Wann gab es schon mal so viel zu sehen und zu erleben. Das Kinderkarussell mit seinen Holzpferdchen, auf denen eine Fahrt nur 5 Pfennig kostete, interessierte uns natürlich nicht mehr. Auch das Kaspertheater mit seinen albernen Figuren und dem ewig drohenden Krokodil fanden wir inzwischen kindisch.

136

Da war die Schiffschaukel schon etwas anderes oder das Kettenkarussell, bei dem wir uns gegenseitig die hängenden Sitze in den Ketten verquirlten, so daß der Besitzer uns mit der Faust drohte und uns rauswerfen wollte. Auch das Teufelsrad faszinierte uns. Wir hatten längst heraus, daß man sich möglichst weit in die Mitte setzen mußte, um sich lange halten zu können. Aber dann drehte der Mann hinter seinem Pult mehr auf, und schließlich flogen wir doch an die rotgepolsterte Bande.

Die Raupe war ein besonderer Anziehungspunkt. Es ging bergauf und bergab, und plötzlich schloß sich unter lautem Juchen der Insassen ein Verdeck über die kleinen Wagen. Diese Attraktion war bei Pärchen sehr beliebt, da sie während der Fahrt eine zeitlang unbeobachtet waren, und wenn das Verdeck sich unerwartet wieder hob, hielten sich einige noch eng umschlungen, und die Zuschauer hatten ihren Spaß. Den größeren Mädchen war es von ihren Eltern meist verboten worden, in diesem "unsittlichen" Karussell zu fahren.

Aber es gab noch andere Kurzweil auf dem Jahrmarkt. Den Affen des Orgeldrehers konnte man ärgern, oder den Bäcker hinter seinem Kuchenstand wütend machen, indem wir im Vorbeigehen den Finger in seinen Bienenstich drückten, um zu prüfen, ob er auch weich sei. Bevor er hinter seinem Stand hervorkam, waren wir längst über alle Berge.

Wenn wir einem Mädchen den Faden des Lufballons durchschnitten, gab es Geheule, und der Vater mußte einen neuen kaufen. Aber alle sahen empor in den blauen Himmel, über den der rote Ballon im Herbstwind dahinsegelte.

Vor der Schießbude stand August Steffen und starrte wie geistesabwesend auf die Füße der Dame. Rotgemalte Zehennägel hatte er noch nicht gesehen, wir auch noch nicht. Aber August war "nen kuirsken Minsken", er sprach Leute an, wenn ihn die Neugier quälte; und so fragte er die Dame: "Luid, es di do nen Pundstücke upfalen?"

Das Fräulein verstand ihn nicht und schaute blasiert geradeaus, aber die Umstehenden schütteten sich vor Lachen.

Ganze Bogen mit Rosenbildern gab es an der Losbude zu gewinnen, Glanzbilder, wie sie Mädchen gern in ihr Poesiealbum legten. Aber das waren nur die Trostpreise. Größere Bilder gab es da mit Bäumen und Hirschen darauf und bunte Porzellantassen mit aufgemalten Sprüchen. Aber auch Verse in Kunstschrift, groß und hinter Glas, waren zu gewinnen, die man sich dann übers Sofa hängen konnte.

Ein Spruch hieß:

> GOTT schicke den Tyrannen Läuse,
> den Einsamen Hunde,
> den Kindern Schmetterlinge,
> den Frauen Nerze,
> den Männern Wildschweine,
> uns allen aber einen Adler,
> der uns auf seinen Fittichen zu IHM trägt.

Ja, es ging auch fromm zu auf dem Markt.

Bei dem großen Bierfaß allerdings weniger, dort hatten einige ein paar Glas zu viel getrunken, und hier und da gab es Rempeleien. Aber die Leute nahmen es wohl nicht ganz ernst, denn sie lachten im Vorübergehen, besonders über einen angetrunkenen Mann, der dauernd rief: "Dat mui koiner wat döt, ick häbbe muinen nuijen Anzug anne!"

Ein friedfertiger Engel aber auf dem Jahrmarkt war die Dame mit den großen Lebkuchenherzen. "Mein lieber Schatz" stand mit weißem Zucker darauf geschrieben oder "In Treue Dein" oder ähnliches.

"Roo-saa-mundee, schenk mir dein Herz und dein Jaa", dudelte der Lautsprecher immer noch, und die bunte Schiffschaukel stieg steil in den blauen Nachmittagshimmel. Ob das Fräulein wohl Rosamunde hieß? Zu ihren rotgemalten Lippen hätte der Name gepaßt. Niemand wußte, wem sie ihr Herz geschenkt hatte. Die Lebkuchenherzen aber verschenkte sie nicht, die mußte man kaufen.

138

Unterm Walnußbaum

An der kleinen Böschung, entlang der Chaussee, zog sich der große Hagen hin, und gleich dahinter stand der alte Walnußbaum.

In manchen Jahren bekam er zweimal Blätter, wenn nämlich späte Fröste das erste Grün in einer kalten Nacht zerstört hatten. Braun und jämmerlich anzusehen hingen die erfrorenen Triebspitzen dann morgens im kalten Frühlingswind. Aber immer trieb der Baum ein zweites Mal aus. Er hatte es schwer hier, stammte er ja eigentlich aus wärmeren Gefilden. Doch er hielt sich tapfer, und kein noch so strenger Winter brachte es fertig, ihn vollends umzubringen. So war er nun alt geworden, hier hinter dem Hagen.

Das ganze Jahr über ließ uns der Baum kalt. Erst wenn der raschelnde Oktoberwind die Felder kahlgefegt hatte und nun die Straße entlang durch den großen Hagen lief, erwachte unser Interesse, das heißt, eigentlich war es das Eichhörnchen, das unsere Aufmerksamkeit auf den alten Nußbaum lenkte.

Eines Tages tauchte der kleine quirlige Rotrock auf, turnte eine Weile auf und ab im Hagen umher und sprang dann in den Baum. Nun bewegte sich hier ein Zweig und dort, unermüdlich lief das Eichhörnchen von einem Ast zum anderen, bis es den geeigneten Platz gefunden zu haben schien.

Hier hockte es nun, hielt einen kleinen grünen Ball zwischen den Pfoten und drehte diesen ständig vor seinen scharfen Zähnen. Teile davon fielen auf den Boden, dann knackte es mehrmals, und das erste Stückchen der harten Nußschale lag im Gras. Nachdem sich das im Laufe des Nachmittags einige Male wiederholt hatte, gewannen wir doch allmählich den Eindruck, das kleine Tier sei uns zuvor gekommen und auf dem besten Wege, uns alle Nüsse zu klauen.

Nun mußten wir sehen, daß wir auch etwas mitbekamen. Doch wir waren kein Eichhörnchen, und da die Nüsse fast alle außen an den dünnen Zweigspitzen hingen, waren sie durch Erklettern des Baumes für uns nicht zu erreichen. Das versuchten wir auch gar nicht erst; wir kannten das Spiel noch vom letzten Jahr.

Irgendwo fanden wir Knüppel oder brachen uns welche aus der Hecke, und dann erfuhren wir erneut, wie schwer es doch ist, senkrecht in die Höhe zu werfen. Immer wieder flogen die Knüppel in den Baum, und bald schmerzte der Nacken vom dauernden Kopfzurücklegen. Laub rieselte auf uns herab und abgebrochene Zweige und hin und wieder auch mal eine Nuß.

Begierig stürzten wir uns auf unsere Beute - und waren enttäuscht. Die bittere grüne Schale ließ sich noch nicht von der Nuß lösen. Wir waren zu früh und hätten noch ein paar sonnige Tage warten sollen. Als einem von uns dann noch ein Knüppel auf den Kopf fiel, gaben wir unsere ballistischen Attacken auf den Walnußbaum vorläufig auf.

Aber wir behielten ihn im Auge, er ließ uns nun nicht mehr los. Jeden Nachmittag trieben wir uns irgendwo in der Nähe herum, spielten Timpkenschlagen auf dem Platz davor oder krochen wieder in den Hagen, der innen hohl war, so daß man wie auf einem schmalen Pattweg durch ihn hindurchlaufen konnte.

Hier hatten wir einst nach Vogelnestern gesucht oder nach bunt gebänderten Schnirkelschnecken, hatten im Herbst die weißen Knallerbsen auf der Straße zerplatzen lassen und uns gegenseitig "Juckpulver" aus den Hagebutten hinter den Kragen gesteckt. Haselnüsse fand man hier, und nach der Straßenseite hin leuchtete im Spätsommer die Hecke rot von den "Müllerbrötchen" des Weißdorns.

Hier schnitten wir die Zwillen für unsere Gummischleudern, und nun standen wir unter dem Walnußbaum und schossen damit auf das alte Jauchefaß, das auf seinen klapperigen Rädern schon seit langem wie vergessen am Feldrand stand. Es gab jedesmal einen hellen Klang, wenn der Stein an dem hohlen Zinkfaß abprallte.

Wenn der Wind in den Büschen einschlief und die Sonne durchkam, lagen wir auf dem Rücken im Gras unter dem Baum, schlugen mit unseren Knüppeln durch die Luft, als gälte es, fiktive Gegner zu besiegen, und ließen unserer Fantasie freien Lauf, indem wir gegenseitig großtaten, welche zukünftigen Abenteuer wir noch zu bestehen gedachten.

Mit einer harten Nuß im Rücken liegt es sich nicht sehr gut. So fanden wir zufällig die erste abgefallene Walnuß im Gras, und sie war nun Anlaß, intensiv nach diesen Schalenfrüchten zu suchen. Der Baum rückte wieder in den Mittelpunkt.

Natürlich traten wir bei unserer Suche auch manchmal auf Nüsse. Das kam immer häufiger vor, bis wir der alten Weisheit einsichtig wurden: Walnüsse sucht man mit den Füßen. So schlürten wir nun barfüßig durch das Gras, alle Empfindsamkeit auf die Fußsohlen konzentriert.

Den ganzen Nachmittag umkreisten wir in immer größer werdenen Spiralen den Stamm. Als sich der alte Baum nur noch dunkel vom westlichen Abendhimmel abhob, trabten wir im rauhen Oktoberwind nach Hause. Doch keine Seife schaffte es, unsere braunen Finger wieder zu reinigen. Später habe ich erfahren, daß man früher die fleischige Außenschale der Walnüsse dazu benutzte, um Holz zu beizen.

Anderntags jagte der Wind Regenschauer über das Land. Aber wir hatten Nüsse genug, und da die Sonne auch an den nächsten Tagen nicht wieder zum Vorschein kam, trockneten wir unsere Ausbeute in einem alten Schuhkarton im Backofen des Küchenherdes.

Im alten Steinbruch

Von Zeit zu Zeit dröhnte es dumpf aus dem Berg. Dann erhoben sich die Staubwolken über den braungrauen Gesteinsbänken. Der Wind trug sie empor bis oben zu den Fichten, die am Rande der Steilwand mit ihren Wurzeln kaum noch Halt fanden.

Wenn dann der Staub sich legte, auf Menschen und Bäume herabsank und man die Bruchsteinmauern der alten Steinbrechanlage wieder erkennen konnte, tutete das Horn zur Entwarnung. Es klang, als bliese jemand auf einer der versteinerten Muscheln, die hier einst an den Küsten des Jurameeres gelebt hatten.

Wieder hatte sich das Dynamit ein Stück weiter in den Berg gefressen, ein Teil der alten urgrauen Wand war herabgesunken, und der moosgrüne Wald dort oben gegen den grauen Himmel erzitterte. Steine polterten in die Tiefe, und nun setzten sich Männer und Loren in Bewegung. Der Steinbrecher bekam wieder Arbeit, und die alten Lastwagen mit ihrer Vollgummibereifung fuhren unter die Schütte, um Knollschlag für den Straßenbau zu laden.

Hier waren wir nicht gern gesehen, und sobald uns einer der Arbeiter erblickte, wurden wir mit lautem Schimpfen vertrieben. Vielleicht war es wirklich zu gefährlich für uns. Aber es gab ja noch den "alten" Steinbruch, eine abgeschiedene, vergessene Welt, in der nur das Mauswiesel und der Steinkauz wohnten. Eine verborgene Stille, nur für den Wissenden zugänglich. Doch ich kannte den Weg dorthin, hatte den überwachsenen Pfad im letzten Sommer entdeckt.

Ein seit vielen Jahren aufgelassener Steinbruch, den ich den "alten" nannte. Sein Zugang war einmal durch heruntergepolterte Steine fast vollständig verschüttet worden, und nur noch ein schmaler Fußweg wand sich hindurch. Wenn man unter Sträuchern gebückt diesen Pfad ging, hakten sich

142

einem ständig die Brombeeren in den Pullover, so daß man froh war, wenn man endlich vor der im Laufe der Zeit mit Algen und Flechten überwachsenen alten Steinwand stand.

Gleich am Eingang dieses einmal von Menschenhand geschaffenen kleinen Tales stand ein gewaltiger Ahorn. Seine Flügelfrüchte lagen im frühen Herbst weit verstreut umher, bedeckten die vermoosten Steine und hingen in den Brombeeren. Als wir noch kleiner waren, klebten wir uns diese kleinen Propeller auf die Nase und liefen lachend damit umher wie ein albernes Rhinozeros. Nun an diesem sonnigen Herbsttag leuchtet der ganze Baum gelb, und das Sonnenlicht, das durch seine Zweige fällt, taucht den alten Steinbruch in ein unwirkliches Licht.

Gut, daß es Plätze gibt, die nur zu Fuß zu erreichen sind, so bewahren sie ihre stille Einsamkeit.

Die Steine sind mit Moos, Algen und bunten Flechten überwuchert. Auch die verrosteten Schienen und Loren, die einst hier liegengeblieben, scheinen bunt vom Bewuchs der Flechten. Der Traubenholunder leuchtet mit seinen roten Beeren in der Sonne, und überall huschen Käfer über die nachmittagswarmen Steine. Hinter dem Braunwurzbestand in der Mitte der Senke hat sich ein kleiner Tümpel gebildet. Sein Wasser steht glasiggrün über dem alten Gestein.

Hier fand ich auch den kleinen von Pyrit überzogenen Ammoniten. Ich wußte nicht, was es war, und glaubte, die wunderbar fein gebildete Spirale sei aus Gold. Vielleicht stammte sie aus einer unterirdischen Schatzkammer, und Zwerge hatten ihren fein-ziselierten Glanz geschmiedet. Glaubte man sich doch ohnehin in dieser steinigen Abgeschiedenheit alten Geheimnissen näher.

Wenn man Versteinerungen suchte, fand man sie nicht, man mußte sie sich schenken lassen, wie eine Kostbarkeit. Und die gewährte der alte Steinbruch nur besonderen Freunden. Auch die Brombeeren waren ein Geschenk. Nirgends wurden die Früchte so dick wie hier, und ich habe oft stundenlang gepflückt, nein, nicht in den Eimer, in den Mund. Gibt es eine schmackhaftere Beschäftigung, als Brombeeren zu pflücken?

Die Hagebutten hingegen leuchteten nur, ich beachtete sie nicht weiter, zumal mir die wundersamen Heilkräfte der Heckenrose, die vorzugsweise durch Teezubereitung gewonnen werden, nicht bekannt waren. Im Kriege erst mußten wir diese roten Früchte mit der schwarzen Kappe oft als Heilkräuter sammeln.

Später im Jahr, als die Schatten schon länger wurden, flogen die roten Drosseln, aus Lappland kommend, in den Steinbruch und fielen über den Holunder her. Und eines Tages hörte man ein Rufen aus der Höhe, dunkel und wehmütig klang es. Nun zogen die Kraniche über den Berg, jene Wanderer der Lüfte, für die Entfernungen nichts bedeuten, und ich hatte den Eindruck, als riefen sie über dem Steinbruch besonders laut.

Bald wurden die Abende dunkler, hier und da funkelte ein früher Stern, und die Himmelsbilder des nahen Winters stiegen über die graue Steinwand. Manchmal fiel eine Sternschnuppe und erlosch über dem dunklen Wald.

Es kamen stürmische Tage, und die gelbe Scheibe des Mondes jagte durch den Wolkenraum. Dann war es wüst und unheimlich im Steinbruch. Wenn ich nach Hause lief, freute ich mich auf die warme Stube, und nachts lauschte ich, wie der Regenwind gegen die Fensterscheibe drückte.

Die Tage der Brombeeren waren nun vorbei.

Martinssingen

Schuhe, Mützen, Hosen und Jacken wurden auf Zuwachs gekauft. Niemand konnte es sich leisten, für seine Kinder jedes Jahr neue Kleidung anzuschaffen. Solange die Schuhe zu groß waren, wurde Zeitungspapier in die

144

Spitze gestopft. Auch hinter das Schweißleder der Mütze legte man passend gefaltetes Papier; außerdem waren ja noch die Ohren da, die gegebenenfalls verhinderten, daß die Mütze zu tief über die Augen rutschte. Hosen und Jacken wurden großzügig gesäumt, und wenn der Stoff verschlissen war, wendete ihn der Schneider, so daß die noch ansehnliche linke Seite nach außen kam.

Es war Martinstag.

Der Morgen stieg kalt aus dem Nebelwald, und der Ruf der Krähe klang schon rauher als vor Wochen. Auf den Feldern waren die Feuer längst verglüht, und abends wanderte man unter Herbststernen.

Heute war ein besonderer Abend. Schon morgens in der Schule hatten wir uns verabredet, doch bevor ich mit den anderen losziehen konnte, mußte ich nachmittags noch zum Schneider.

Er wohnte im Nachbarort und hieß Kiel. Damit man ihn aber von anderen Leuten gleichen Namens unterscheiden konnte, nannten ihn alle Kuil-Schnuider (Kiel-Schneider). Schon vor Tagen hatte ich ihm meine Hose gebracht, damit er den Saum herausließ. "Jäo", hatte er gesagt, "ick loader ruit, wadder inne sitt."

Als ich aber heute seine Schneiderstube betrat, rief er mir schon vom Tisch her entgegen: "Junge, duine Büxen es no nich ferg. Mui es do nen Luik (Leiche, Beerdigung) tüsken kurmen."

So mußte ich nun in meiner alten Hose zum Martinssingen gehen. Das war eigentlich nicht weiter schlimm, denn wenn wir uns abends in der Dämmerung trafen, sah man ohnehin nicht mehr viel. Überall bildeten sich kleine Gruppen, wie schon morgens in der Schule abgesprochen, alberten herum, riefen sich etwas zu, und schließlich zogen sie los und standen dann bald singend vor den Haustüren. Ihre hellen Leinenbeutel leuchteten in der Dämmerung.

Eigentlich ging es an diesem Tage um zwei verschiedene Martins, um Martin von Tours, den heiligen Martin, der seinen Mantel mit dem Bettler teilte, für uns als Protestanten aber auch um Martin Luther, den seine Eltern nach dem heiligen Bischof benannt hatten. Aber um ehrlich zu sein, wir waren an diesem Abend viel zu aufgekratzt und auch zu sehr weltlichen Dingen zugewandt, um auch nur an einen dieser beiden frommen Männer zu denken.

So zogen wir denn von Haus zu Haus und machten uns vor den Türen durch Lärmen oder Läuten bemerkbar, bevor wir zu singen begannen. Seit langem war es Tradition im Ort, das Lutherlied zu singen:

"Ein feste Burg ist unser Gott,
ein gute Wehr und Waffen..."

Wir machten uns nicht viel Gedanken darüber, es war eine Überlieferung von alters her, und wir sangen immer nur den ersten Vers. Das schien uns für die spärlichen Gaben, die wir dafür als Lohn bekamen, auch der Mühe genug. Nur von einem Presbyter wurden wir einmal aufgefordert, auch noch die zweite Strophe zu singen. Da er uns außerdem noch nach der Bedeutung des Liedes ausfragte, seine Gaben aber nicht größer waren als bei anderen Leuten, mußte er das nächste Jahr auf unseren frommen Gesang vor seiner Haustür verzichten.

In einem Nachbardorf sangen die Jungen und Mädchen ein anderes Lied:

"Sünnemartensmann, Sünnemartensmann,
de us wat votelen kann
von Appel un van Buiern.
De Nürde falt vanne Muiern.
Do buarben innen Hahnenholt
do hanget de langen Würste.
Gibet us de langen,
lot de korten hangen.
Un lot us nich to lange stoahn,
wui mürt no sirben Muilen goahn,
biargup, biargdal, biargup, biargdal,
met iuse graoden Holsken."

146

Das schien mir viel lustiger, aber die Leute waren der Meinung, der Martinstag sei kein Tag zum Lustigsein.

Also sangen wir weiter von der festen Burg, denn Traditionen soll man in Ehren halten. Trotzdem war mir das plattdeutsche Lied aus dem Nachbardorf sympathischer. Ich verstand es auch viel besser.

Aber Spaß hatten wir auch so, wenn wir durch den Novemberabend zogen. Man sprach sich mit anderen Gruppen ab, sich da und dort wiederzutreffen. Im Schutze der Dunkelheit machten wir dann auch Rauchversuche. Hin und wieder sah man einen kleinen roten Punkt glimmen. Wenn die Leute allerdings merkten, daß bei dem frommen Gesang unser Atem nach Tabak roch, bekamen wir nichts, soweit wir auch unseren Beutel aufhielten.

Niemand kaufte damals ein für den Martinstag, wie es heute vielerorts üblich ist. Nein, dafür hatte man kein Geld. Die Sänger bekamen das, was ohnehin im Hause vorrätig war. Äpfel plumpsten in unseren Beutel oder Wahrbuiern (Birnen, die sich hielten), und es gab Leute, die eigens für den Martinstag die kleinsten Früchte zurückließen. Aber die waren in der Minderheit.

Getrocknete Birnen oder Pflaumen gab es, auch mal eine Nuß oder ein Plätzchen. Bei einer alten Frau bekamen wir immer einen Pfennig. Sie kam dann an die Tür, in der Hand eine Sammeltasse, in der sie die kleinen Münzen aufbewahrte. Ich erinnere mich noch, daß ich lange Zeit der Meinung war, diese Tassen hießen so, weil man Münzen darin sammelte.

Es wurde schon früh dunkel am Martinstag, und diese Abende ließen den nahen Winter ahnen. Der Orion stieg schon am Himmel empor.

Wenn wir heiser waren und unsere Füße müde wurden, gingen wir nach Hause. Wanderer unterm Sternenlicht. Ein früher gelber Mond legte seinen milden Glanz auf uns und auf unser Haus.

Totensonntag

Es war an einem Novembertag im Kriege. Nachmittags hatte die blasse Sonne den Nebel durchdrungen, und nun lehnten wir zu zweien am Zaun und schauten die Straße entlang. Plötzlich kam ein Mann auf uns zu und winkte uns schon von weitem zu sich heran. Wir gingen ihm entgegen und erkannten den Ortsgruppenleiter der Partei. Er trug keine Uniform, weshalb wir ihn auch nicht sofort erkannt hatten. In Zivil kam er uns ganz fremd vor.

"Ich muß der Frau Ahlfeld die Nachricht bringen, daß ihr Sohn gefallen ist", sagte er mit einer fast tonlosen Stimme, die wir sonst gar nicht bei ihm kannten, und fügte dann hinzu: "nun habe ich gesehen, daß ihr Garten noch nicht umgegraben ist. Ihr zwei geht jetzt nach Hause, holt euch einen Spaten und macht das mal für die Frau."

War es die Befehlsgewalt, die von dem Manne ausging oder das Mitleid mit der armen Frau, oder lag es daran, daß uns der Tod berührt hatte? Wir gingen widerspruchslos nach Hause, jeder in eine andere Richtung, und trafen uns zwanzig Minuten später wieder bei Frau Ahlfeld mit unseren Spaten.

Dann gruben wir ihr den Garten um, und das Rotkehlchen, das vom Kriege und von den Toten nichts wußte, hüpfte vor unseren Füßen umher. Wir waren fleißig und sahen kaum auf, obwohl der Rücken allmählich zu schmerzen begann.

Als wir fertig waren und unsere Spaten reinigten, kam die Frau aus der Hintertür in den Garten und stellte eine Kanne mit verdünntem Himbeersaft und zwei Gläser für uns auf eine Kiste.

Sie hatte rotgeweinte Augen und sagte nichts, als sie wieder ins Haus ging. Wir hatten Durst, und der Saft schmeckte gut. Aber wir tranken nur wenig davon, eine unerklärliche Scheu hielt uns davon ab, noch einmal nachzuschenken.

148

Dann gingen wir betreten nach Hause, und ich dachte noch lange an die Frau mit den roten Augen. Ihr Sohn würde nun wohl nicht auf unserem Friedhof begraben, der unterhalb des Gemeindehauses hinter der alten grauen Mauer mit dem verrosteten Eisentor liegt.

Die Rosen, die sich im Sommer um das Tor rankten, waren längst verblüht, und ihre Blätter hatte der Wind überall hin verstreut. Von Westen her wehte es kühl und feucht wie ein Hauch aus der Ewigkeit. Manchmal knarrte das schmiedeeiserne Tor, wenn Leute hindurchgingen, oder der Wind ließ die Wetterfahne auf dem Gemeindehaus quietschen.

Spielenden Kindern und Hunden war der Zutritt verboten und Radfahrern auch.

Unter eingesunkenen Steinen und schiefen Kreuzen aber ruhten die Toten, die, die noch um die alte Zeit gewußt hatten, und die im Dorf bald keiner mehr kannte. Ob sie wohl noch voneinander wußten?

Doch der Totengräber war nicht arbeitslos geworden. Mit seinem Spaten mußte er immer neue Gruben ausheben, und niemand konnte es ihm verübeln, wenn er bei dieser trostlosen Arbeit manchmal einen Schnaps trank.

Immer wieder bimmelte das Glöckchen auf dem Dach des Gemeindehauses, wenn sich der Leichenzug dem Friedhof näherte, eine "große" oder "kleine" Leiche, je nach der Bedeutung, die die Leute dem Toten im irdischen Leben zugeschrieben hatten.

In einem aber waren sie alle gleich, sie waren einmalige Menschen gewesen. Jahrtausende vor ihnen hatte es keinen gleichen gegeben, und bis in alle Ewigkeit nach ihnen würde es nie wieder einen solchen Menschen geben. Gott macht nur Unikate.

Die Nachbarn hatten in der ersten Nacht Totenwache gehalten, so wie man es dem Verstorbenen schuldig war, und nun begleiteten sie ihn auf seinem letzten Wege. Verwandte waren gekommen von weit her, und es gab ein Wiedersehen bei Kaffeetassengeklapper und Streuselkuchen, der hier sinnigerweise Beerdigungskuchen genannt wurde.

Jetzt am Totensonntag waren die Gräber geschmückt mit Tannengrün, und im Garten hatte man die letzten Novemberrosen (Chrysanthemen) abgeschnitten, deren herber Winterduft nun auf den Gräbern lag.

Das Gemeindehaus war voller schwarzgekleideter Menschen, denn heute wurden die Namen aller im letzten Jahr Verstorbenen verlesen, einschließlich der Gefallenen, und derer waren viele. Frau Ahlfelds Sohn war auch darunter, und er konnte seiner Mutter nun nicht mehr den Garten umgraben.

Es herrschte eine schwarze Stille in diesem Gottesdienst, die Lieder klangen gedämpfter, und es schien, als ob selbst der Klingelbeutel leiser klingelte, der damals noch an einer langen Stange durch die Reihen geführt wurde. Unser Nachbar behauptete, der Küster habe das mit dem Apfelpflücker zu Hause extra geübt. Das konnte ich aber nicht glauben.

Viele Namen wurden aufgerufen, doch die Angesprochenen konnten es nicht mehr hören an diesem Tage, aber für die Hinterbliebenen weilte der Fortgegangene noch einmal unter ihnen. Dermaleinst werden wir uns wiedersehen.

Nicht jeder glaubte daran. Ernst Ransiek sagte: "Wenn diu däot bis, dann bekikse dui de Kartuffel van unnen, süs es do nix."

Galt das auch für die gefallenen Soldaten? Ich war mir damals nicht ganz sicher, ob man in Rußland auch Kartoffeln anbaute.

Novemberrosen aber würden dort bestimmt nicht auf ihren Gräbern duften.

150

Der Schweinepott

Wir alle machen Fehler im Leben, große oder kleine, häufig oder wenig oft. Ich machte in meiner Kindheit einen folgenschweren, der jahrelang Konsequenzen nach sich zog. Ich konnte zu gut Kartoffeln schälen.

Als ich meiner Mutter einmal dabei helfen sollte, merkte sie, daß ich besonders dünn schälte, ja geradezu ein Meister im Kartoffelschälen war. Niemand in der Familie konnte es so gut, und ich Dummkopf war auch noch stolz darauf, und eben das war der Fehler.

Aber da ich nun mal mein Können unter Beweis gestellt hatte, waren die Folgen nicht mehr abzuwenden, ich durfte jeden Tag Kartoffeln schälen und freute mich deshalb immer, wenn es mal Pellkartoffeln gab. Doch war ich nicht der einzige Leidtragende meiner Schälkunst, außer mir gereichte es auch unserm Schwein zum Nachteil, bekam es doch jetzt wesentlich dünnere Schalen zu fressen.

Die wurden zusammen mit anderen Küchenabfällen in den Keller getragen und kamen mit in den Schweinepott. Dieser große Köcher stand im Waschkeller und war eigentlich ein richtiger Mehrzweckpott. Meine Mutter kochte ihre Wäsche darin und im Sommer und Herbst die mit den Herrlichkeiten des Gartens gefüllten Einmachgläser. Zum Schlachten wurde er angeheizt für das heiße Wasser, und später kullerten dann die Wöbkenbrote und Blutwürste in der fetten kochenden Brühe, bevor sie mit der Schaumkelle (durchlöcherter großer Köffel) herausgefischt wurden. Sonnabends aber wurde in dem Köcher das Badewasser für uns heiß gemacht.

Doch in erster Linie diente er der Zubereitung von Schweinefutter, und deshalb war es auch der Schweinepott. Er bestand im wesentlichen aus einer großen gußeisernen Wandung, in die ein herausnehmbarer emaillierter Topf eingehängt war. Unter diesem lag die Feuerung mit dem Rost unter der Ofentür, darunter stand der Aschenkasten. Das Ganze hatte etwa die Größe eines Brunnenringes und war hier im Waschkeller am richtigen Ort installiert, denn die Schweinekartoffeln lagerten in einem Raum nebenan, und auch zum Kohlenkeller war es nicht weit.

Unser Schwein war in der Schweinekasse, das heißt, es war gegen Krankheiten und Tod versichert, nicht aber gegen mangelnden Speckansatz. Dafür mußten wir selbst sorgen, und das geschah mit Hilfe des Schweinepottes.

Küchenabfälle aller Art, gemischt mit meinen dünnen Kartoffelschalen und sauer gewordenem Mittagessen, wurden gesammelt und zusammen mit den kleinen Kartoffeln, den sogenannten Schweinekartoffeln, in den großen Köcher gefüllt. Dazu kamen Runkeln und deren Blätter, die mein Vater aus dem Garten holte und in der hölzernen Schneidelade mit dem beweglichen Messer kleinschnitt. Auch die Brennesseln, die ich überall suchen mußte, und die ich dann in einem sackleinernen Tuch nach Hause schleppte, wurden mit dem großen sensenartigen Messer in der Schneidelade zerkleinert und kamen mit in den Schweinepott.

Wenn dann abends der Wind ums Haus ging, das Feuer unter dem Köcher brannte und der Duft aus dem Kessel die Kellertreppe hinaufkroch und sich in der ganzen Wohnung verbreitete, fühlte ich mich geborgen, auch wenn die Dunkelheit regenschwer in das Küchenfenster schaute.

Nein, die Mischung aller Gerüche ergab keinen Gestank, sie duftete angenehm. Wer einmal an einem kochenden Schweinepott gesessen hat, wird mir Recht geben.

"Schnuiderfuier" (Schneiderfeier) nannte man bei uns die frühe Dämmerung, in der ein Schneider nicht mehr genug sehen konnte, um noch zu nähen, das Anzünden des Lichtes aber Veschwendung gewesen wäre. Also ruhte er eine zeitlang aus.

Das machte auch mein Vater so, wenn er den Schweine-

152

pott fertig hatte, das Feuer brannte und eine samtene Dunkelheit sich im Keller ausbreitete. Dann stand ich neben ihm am Köcher, der eine wohlige Wärme ausstrahlte, ein Trost in der Dunkelheit. Kleine Flammen flackerten durch die Ofentür, und ihr Widerschein zuckte an den Wänden. Vom nahen Stall nebenan grunzte das Schwein.

Allmählich stieg mir der würzige Duft in die Nase. Dann hob mein Vater manchmal den Deckel und suchte mir eine der kleinen gedämpften Kartoffeln heraus, die ich pustend in den Händen hin- und herdrehte, bevor ich sie in den Mund schob. Jeder, der sich noch erinnern kann, weiß, daß Kartoffeln aus dem Schweinepott einen besonderen unnachahmlichen Geschmack haben.

Ich glaube, unser Schwein empfand das ebenso, denn wenn mein Vater anderntags mit dem Stampfer den kalten Brei in dem Köcher zerkleinerte, hörte ich es vom Stall her quieken und ungeduldig am Futtertrog rumoren, als könne es die in Aussicht stehenden Leckerbissen kaum erwarten.

Von der steifen Masse wurde eine Kohlenschüppe voll in einem Eimer mit Wasser verrührt und mit ein paar Handvoll Schrot vermengt. Kaum war dies Gemisch in den Trog geschüttet, so hörte man nur noch das Schmatzen des Schweines.

Und das war in gutem Zustand, trotz meiner zu dünnen Kartoffelschalen. Mein Vater lehnte mit den Ellbogen auf der Stallmauer, taxierte das Gewicht des Schweines und schien mit seiner Musterung zufrieden.

Eigentlich wartete er nur noch auf Frostwetter, dann wollte er August Timmerhaus, dem Schlachter, Bescheid sagen. Bis dahin aber mußte der Schweinepott piekfein sauber sein.

Schlachten

Es ist schier unmöglich, ein fettes Schwein so auf die Dezimalwaage zu stellen, daß man es wiegen kann. Daher hatten sich die Leute eine andere Methode ausgedacht, um das Gewicht eines lebenden Schweines zu bestimmen. Man benötigte dazu einen Bindfaden und einen Zollstock.

Mit Hilfe dieser beiden Utensilien ermittelte man den Brustumfang und die Länge des Tieres vom Widerist bis zum Schwanzansatz in Zentimetern. Beide Maße wurden miteinander multipliziert und durch zweihundert geteilt.So erhielt man das Gewicht des Schweines in Pfund. Leichter wäre es gewesen, durch einhundert zu dividieren; dann hätte man das Kilogewicht erhalten. Aber niemand verwendete damals diese Gewichtseinheit, es gab nur Pfund und Zentner.

Da unser Schwein das erwartete Gewicht aufwies, unser Nachbar war als Zeuge bei der Vermessung zugegen gewesen, seit zwei Tagen auch Frostwetter herrschte, wurde August Timmerhaus benachrichtigt. Der arbeitete im Sommer als Maurer und im Winter als Hausschlachter wie so viele seiner Zunft. In diesem Jahr hatte er die Maurerkelle frühzeitig gegen das Schlachtermesser getauscht. Wenn der Frost schon vor Weihnachten einsetzte, hatte das den Vorteil, daß man für das Fest einen Schweinebraten zurücklegen konnte.

Schon seit den frühen Morgenstunden brannte das Feuer unter dem Köcher, und der Waschkeller war voller Wasserdampf, als August Timmerhaus sein Fahrrad bei uns auf den Hof schob. Unter seiner dicken Winterjacke schaute der Lederköcher hervor, in dem die scharfen Schlachtermesser und der Wetzstahl steckten.

Als wir klein waren, blieben wir immer so lange in der Küche, bis wir den Knall des Bolzenschußapparates hörten und das Quieken des Schweines verstummte. Kamen wir danach in die Waschküche, konnten wir vor lauter Wasserschwaden kaum etwas erkennen. Auf dem Boden lag das Schwein, und aus einer

154

Schnittwunde an der Halsschlagader quoll in Stößen das Blut, das meine Mutter in einem Steinguttopf auffing.

Da dieses Blut zur Herstellung von Wöbkenbrot und Blutwurst gebraucht wurde, mußte es ununterbrochen gerührt und geschlagen werden, um ein Gerinnen zu verhindern. Chemikalien verwendete damals niemand dazu.

Das noch am Boden liegende Schwein hatte man inzwischen von dem eisernen Ring in der Wand losgebunden, und nun wurde es hin und her gewendet und von allen Seiten mit heißem Wasser übergossen, damit der Schlachter es abschaben konnte. Durch die Sehnen der Hinterbeine schob er dann den Krummstock, mit dem das Tier auf die Leiter gezogen wurde, die mein Vater und August Timmerhaus mit vereinten Kräften dann schräg an die Wand stellten.

Ein Bauchscnitt, das Eingeweide quoll heraus und glitt in die hölzerne Molle. Blase und Darm wurden gereinigt und mehrfach mit heißem Wasser durchspült, man brauchte sie noch für die Wurst. Nun mußte das Schwein auskühlen. Meine Mutter öffnete das Kellerfenster, und die klare Frostluft strömte herein. Mein Vater und der Schlachter tranken eine Schnaps.

Dann saß Timmerhaus bei uns am Küchentisch, und sein Koppel mit den scharfen Messern im Köcher hing über der Stuhllehne. Meine Mutter hielt die Kaffeemühle zwischen den Knien, und der ungewohnte Duft gemahlener Bohnen erfüllte den kleinen Raum. Für den Schlachter gab es immer Bohnenkaffee, das war von alters her so. Wir selbst konnten uns sonst nur Päckskenkaffee oder Kathreiners "Spitzbohnen" leisten, Kaffee aus gerösteter Gerste.

Wurst lag in Scheiben geschnitten auf dem Teller, Mettwurst von der letzten Schlachtung. Auch das gehörte zur Tradition, der Schlachter bekam noch von der alten, wenn er das Schwein für die neue Wurst geschlachtet hatte; und August Timmerhaus ließ es sich gut schmecken. Am Wäschetrockner über dem Küchenherd aber schwebte die aufgepustete Schweineblase hin und her wie ein Luftballon.

Anderntags kam Hans Wienecke, der Trichinenbeschauer. Auch er saß bei uns in der Küche. Aber er stellte nur sein Mikroskop auf den Tisch, Kaffee trank er nicht. Wenn er wieder ging, war das Schwein auf der Leiter im Keller mit einigen blauen Stempeln verziert.

Später im Kriege mußte er auch die Schweine wiegen, für die Fleischzuteilung. Dann schickte er immer die Leute hinaus, sie störten ihn beim Wiegen, sagte er, und so hatte er auch keine Zeugen, wenn er zu leicht wog. Wir verdankten ihm manche zusätzliche Wurst. Als ich viele Jahre später einmal in der Bibel von dem König Belsazar las, der gewogen und für zu leicht befunden wurde, dachte ich sofort an unsere Hausschlachtungen im Kriege.

Am nächsten Tag wurde gewurstet, und diese Tätigkeit ist eigentlich noch wichtiger als das Schlachten. Neben dem Dreschen gehörte sie zu den anstrengendsten und aufregendsten Ereignissen auf dem Lande. Doch vorher mußte Schlachter Timmerhaus nochmals kommen und das Schwein zerlegen.

Schinken, Speckseiten, Beinstücke, Klöntken (Füße), Ohren und Schwanz wurden im Steintrog eingesalzen. Das Fleisch für die Mettwürste mußte über die Mühle gedreht werden. Würzen, abschmecken, nochmals würzen, jede Wurst birgt ein Geheimnis. Der Darm wurde über die Tülle an der Wurstemühle geschoben. Dünne Würste und dicke, gerade und runde und auch ganz kleine für die Kinder, die sich über eine eigene Wurst freuten. Aus der Blase aber nähte meine Mutter große Wursthäute für die dicken Sommerwürste (Servelatwürste).

Dann folgte die Leberwurst, und in der Brühe im Schweinepott kochten Blutwurst und Wöbkenbrot, das aus Blut und Roggenschrot gemischt und zu kleinen Bällen geformt worden war. Die Sülze und die Pannengörde (Stippgrütze) durfte nicht vergessen werden, die man in Kümpe füllte und erkalten ließ. Spät abends war es geschafft. Alle Würste hingen zum Trocknen auf den Schnuüsen (Stöcken), und draußen im Zwetschenbaum

hinter dem Hause war der Burgbirsch (Harnröhre des ver-
schnittenen männlichen Schweins) aufgehängt für die Meisen. Bei Bedarf wurde auch die Säge damit eingefettet.

Als ich am nächsten Morgen meinem Vater half, die
Schnuüsen mit den Würsten auf den Räucherwiemen zu
tragen, lag draußen Rauhreif auf dem Gras, und aus dem
Bodenfenster konnte ich sehen, wie die Krähen krächzend
über die Wintersaat strichen.

Unter der Lampe

Bevor es dunkel wurde, hatte mich meine Mutter noch
zum Bäcker geschickt; ich sollte ein Graubrot holen.
Das mußte ich öfter mitbringen, aber auch Schwarzbrot, und
nur sonntags leisteten wir uns manchmal ein Weißbrot. Kuchen backte meine Mutter selbst, höchstens daß wir mal ein
Stück Streuselkuchen beim Bäcker kauften, wenn Besuch
erwartet wurde, und ganz selten einmal ein paar Brötchen,
von denen es vier Stück für einen Groschen gab.

Heute aber sollte ich nur ein Graubrot mitbringen, und da
ich etwas warten mußte, weil einige Kunden vor mir dran
waren, schaute ich im Laden umher und sah zum ersten Mal
bewußt den Spruch an der Wand über dem Regal:

> Altes Brot ist nicht hart,
> kein Brot, das ist hart.

Nun, wir kauften sowieso immer Brot vom Vortage, weil
mein Vater kein frisches vertragen konnte. Trotzdem stimmte mich der Spruch nachdenklich, und auch als ich schon mit
meinem Brot unter der Klammer des Gepäckträgers auf dem
Heimweg war, ging mir der Satz nicht aus dem Sinn.

Zu Hause angekommen, dunkelte es schon in der Ferne,
und die erleuchteten Fenster der Häuser schauten mit ihrem
warmen Schein in den hereinbrechenden Abend. Ich traf auf

der Straße niemanden mehr, die spielenden Kinder waren von ihren Eltern längst ins Haus gerufen worden. Auch bei uns saßen alle unter der Lampe in der Küche, und ich brachte den Duft des Brotes mit ins Haus.

Der aber mischte sich mit dem Geruch von aufgewärmtem Essen und dem des Tabaks vom Zigarrentisch meiner Mutter, sowie dem frischen Duft der trocknenden Wäsche über dem Herd. Das war der Geruch unserer Küche, der abends unter der Lampe noch abgerundet wurde durch den Tabakqualm aus der alten Pfeife meines Vaters.

Diese hütete er wie seinen Augapfel. Er hatte sie im ersten Weltkrieg in englischer Gefangenschaft in Frankreich geschnitzt. In den Kopf war ein Eisernes Kreuz eingraviert und ein Eichenkranz. Darunter stand die Jahreszahl 1917. Auf der Rückseite aber war zu lesen: Made in Bassé Foret - P.O.W.

Jeden Abend, sobald er die Nachrichten aus dem kleinen Radio gehört hatte, setzte er die Souvenir-Pfeife in Brand und las die Zeitung, wobei er gemächlich vor sich hin schmauchte. Der Qualm zog durch die Küche und sammelte sich unter dem Lampenschirm. Draußen vor dem Fenster stand der dunkelblaue Abend.

Die gelesene Zeitung wurde sorgsam gefaltet zur Seite gelegt, man brauchte sie noch fürs Klo; und an kalten Wintertagen wurde sie unten in die Holzschuhe gelegt, damit man warme Füße behielt.

Für den Winter waren auch die dicken schwarzen Wollsocken gedacht, die meine Mutter strickte, wenn sie einmal nicht am Zigarrentisch, sondern mitten unter dem warmen Schein der Lampe saß. Unangenehm war es mir immer, wenn ich dann die halbfertigen Strümpfe anprobieren mußte, und die kalten Stricknadeln wie Spieße um meinen Fuß herumstanden. Auch das Wollehalten empfand ich als lästig. Während meine Mutter das Knäuel aufwickelte, sprang mir der Faden von Daumen zu Daumen, und das machte mich nervös.

Aber da waren auch die Geschichten der Mutter, Erzählungen unter der Lampe. Damit zog sie uns alle in ihren Bann. Auch als größerer Junge habe ich noch gern zugehört, wenn sie meinen jüngeren Brüdern Geschichten erzählte. Ich habe diese Märchen sogar nachgespielt, indem ich aus Pappe geschnittene Figuren mit Hilfe eines Spiegels beleuchtete und als Schattenbilder an die Wand warf. So gab ich Kinovorstellungen für meine Brüder.

Basteln mit Garnrollen und Kastanien. Kleine Wagen, Männchen, Ketten und Pfeifen. Aber dann war für die Kleinen "Beddegoahnstuit" (Zeit, zu Bett zu gehen), und meine Mutter brachte die heiße Steinhägerkruke ins Bett. Die beiden zogen ihre Pölter an, stritten darüber, wer an der Wand schlafen dürfe, und verschwanden. Einmal aber waren sie ganz aufgeregt zurückgekommen, auf der warmen Steinkruke hatte eine Maus gesessen.

Meine Mutter verstand es, sie zu beruhigen. Dann wurde es still unter der Lampe. Mein Vater hatte alles noch einmal nachgesehen, Türen und Fenster im Haus, und kam nun wieder in die Küche. Draußen hatte es zu regnen angefangen, man hörte die Tropfen an das Fenster schlagen.

Meine Mutter hatte den Saum ihres Kleides festgenäht und stickte nun wieder an dem Übertuch für den Handtuchhalter. "Sich regen bringt Segen" sollte in blauer Schrift daraufstehen, wenn es einmal fertig war.

Als ich mein Buch zu Ende gelesen hatte, baute ich noch eine Weile mit meinem Stabilbaukasten. Dabei fiel mir ein, daß es ja bald Weihnachten war und ich mir neue Bauteile dazu wünschte. Ob ich meine Eltern noch einmal daran erinnern sollte? Die Uhr schlug. Draußen wehte der Regen gegen die Scheiben, und ich wurde allmählich müde. "Moß diu nich äok int Bedde?" fragte mein Vater.

Als ich in meiner Kammer lag, hörte ich noch, wie der heftiger gewordene Wind im Schornstein heulte und wie draußen das Gartentor hin und her schlug.

Vor Weihnachten

Wenn wir mittags aus der Schule kamen, liefen wir querfeldein über die harten Kluten des gefrorenen Ackers, um den Nachhauseweg abzukürzen. Alle Menschen schienen in jenen dunklen, verhangenen Tagen der Geborgenheit ihrer Häuser zuzustreben, einer Bratapfel-Geborgenheit, wie mir schien, in der sich ein jeder gut aufgehoben wußte, denn die Bratapfeldüfte aus dem Backofen des Küchenherdes konnten sich alle leisten, auch die Ärmsten.

Weihnachten geschah hauptsächlich vor Weihnachten. Es begann mit der ersten Kerze auf dem Adventskranz und mit einer kleinen Tüte voll Spekulatius, die meine Mutter aus der Stadt mitbrachte, wenn sie ihre Zigarren abgeliefert und Lohn erhalten hatte.

Einmal im Jahr, jetzt vor Weihnachten, erlaubte sie sich um unser willen diesen Leichtsinn und brachte uns damit sozusagen den ersten Gruß vom Christkind ins Haus.

Dieses himmlische Wesen habe nun in den Wochen vor dem Fest viel zu tun, wurde uns erzählt, als wir noch klein waren, und alle Engel müßten ihm fleißig helfen. Der Backofen war tüchtig eingeheizt; wir sahen ihn fast jeden Nachmittag rot glühen, hinten im Westen über dem Wald. Auch als ich schon älter war, mochte ich mich nur schwer von diesem Kindheitstraum trennen, und der Vers von damals gefällt mir noch heute:

> Kuik ens, wat es de Himmel seo räot.
> Dat send de Engels, de backet dat Bräot.
> Dat send de Engels, de backet den Stiuden
> vo oll de lüttken Leckerschniuden.

Aber ich muß sagen, wir haben den himmlischen Heerscharen fleißig geholfen in jenen langsam verrinnenden Dezembernachmittagen. Die Küche wurde zur Backstube, und fast über den ganzen Tisch hatte meine Mutter den Teig

160

ausgewalzt. Dann durften wir mit kleinen Blechformen Figuren ausstechen, Sterne und Mondsicheln, Glocken und Engel,Männchen und vielerlei Getier.

Und bald duftete es aus dem Backofen, besonders wenn die Klappe geöffnet und die heißen Bleche mit dem Topflappen wieder herausgezogen wurden. Nun mußten sie abkühlen, und dann durfte jeder eins probieren. Die übrigen Plätzchen aber füllte meine Mutter in eine Blechdose mit Deckel, die darauf auf geheimnisvolle Weise verschwand.

Trotz eifrigen Suchens haben wir sie niemals gefunden. Alle Trecken (Schubladen) waren in dieser Zeit vor Weihnachten verschlossen. Das eine oder andere Stück Backwerk aus der Dose tauchte an den Adventssonntagen morgens wieder auf.

Sonnabends stellten wir unseren Puschen auf die Fensterbank, bevor wir ins Bett krochen, und wenn wir dann nach einer unruhigen Nacht morgens ans Fenster liefen und ungeduldig die Gardine zur Seite rissen, lagen einige Süßigkeiten im Puschen, Plätzchen und Nüsse, ein rotbäckiger Apfel, auch mal ein kleines Schweinchen aus Marzipan oder ein Schokoladentaler, der mit Silberfolie umgeben war, so daß er aussah wie ein richtiger Taler.

Wie der Nikolaus das bei geschlossenem Fenster bewerkstelligen konnte, hat mir anfangs arge Kopfschmerzen bereitet, aber als ich älter wurde, und der Nikolaus seine mystische Gestalt verlor, habe ich den alten Brauch mit dem Puschen beibehalten, und ich weiß noch, daß ich empört war, als meine Eltern meinten, dazu sei ich nun schon zu groß.

Die Welt schien von einem stillen Glanz umhüllt.

Wir zählten die Kalendertage und schauten jeden Tag zum Himmel, aber es fiel kein Schnee. Der lag nur auf dem Kirchturmdach der Weihnachtskarte, die von Verwandten aus Amerika kam. "A merry Christmas" stand darauf.

Eines Tages brachte mein Vater einen Tannenbaum mit, als er von der Arbeit kam. Damit er nicht so früh nadelte, blieb er draußen hinter dem Hause stehen. Der Adventskranz bekam jeden Sonntag eine Kerze dazu, und meine Mutter steigerte unsere Erwartung durch geheimnisvolle Andeutungen, die sie dann und wann von sich gab. Mein Vater aber hatte oben auf dem Felde den Nikolaus gesehen. Jedenfalls erzählte er das ganz aufgeregt, als er eines Abends ins Haus kam.

An einem Sonnabend ging ich mit meinen Eltern in die Stadt. Es wurde schon fast dunkel, die Schaufenster waren hell erleuchtet und führten Kinderaugen in eine Traumwelt. Manchmal verschwanden die Eltern in einem der Geschäfte, und ich mußte draußen warten.

Ob ich wohl zu Weihnachten neue Teile für meinen Stabilbaukasten bekam?

In manchen Fenstern standen Nikoläuse aus Schokolade, oft sogar eine ganze Reihe vor der Scheibe entlang. Mein Vater meinte: "Kuik, dat send de Hasen von Äostern, do hät se niu olle Kläuse (Nikoläuse) van maket." Da mußte meine Mutter lachen, aber ich verstand die Bemerkung nicht.

Solange es auch dauerte, eines Tages war es Heiligabend. Mein Vater kam schon mittags von der Arbeit, und meine Mutter scheuerte die Herdplatte blitzeblank. Sie kam richtig ins Schwitzen dabei. Nachmittags gab es Streuselkuchen, und dann wurde der Tannenbaum geschmückt, aber dabei durften wir Kinder das Zimmer nicht mehr betreten; seine Pracht gehörte schon zur Weihnachtsüberraschung.

Bescherung war bei uns erst am nächsten Morgen, daher lag noch eine lange Nacht vor uns. Aber meine Eltern standen früh auf am Weihnachtsmorgen, und wir hörten erwartungsvoll, wie sie im Zimmer nebenan herumkramten. Dann öffneten sie die Tür zu unserer Schlafkammer ganz weit.

Der unruhige Lichterschein vieler Kerzen erhellte den

162

Raum, und wir vernahmen den Duft angesengter Tannenna-
deln. Aus dem Radio war Glockengeläut zu hören, es klang
ein wenig blechern aus dem alten Volksempfänger, und dann
sang ein Kinderchor mit dünnen Stimmen:
Vom Himmel hoch, da komm ich her,
ich bring euch gute neue Mär;
der guten Mär bring ich so viel,
davon ich singn und sagen will.

Euch ist ein Kindlein heut geborn,
von einer Jungfrau auserkorn,
ein Kindelein so zart und fein,
das soll eur Freud und Wonne sein.

Es ist der Herr Christ, unser Gott,
der will euch führn aus aller Not,
er will eur Heiland selber sein,
von allen Sünden machen rein.

Auf der Rodelbahn

Es wurde doch noch ein richtiger Winter. Er kam über
Nacht, zuerst mit einzelnen weißen Federn, die im
stärker werdenden Wind durcheinanderwirbelten, aber dann
wurde ein richtiger Schneesturm daraus. Ich hatte in der
Morgenfrühe im Bett den Wind heulen gehört, und als ich
nach dem Aufstehen ans Fenster lief, schneite es noch tüchtig, so saß ich vor lauter Flockenwirbel kaum das Nachbar-
haus sehen konnte. Überall hatten sich schon Schneeverwehungen gebildet, und der Wind heulte immer noch um die
Hausecke.

Zum Frühstück aß ich Brotsuppe und Weichkrusten (in
Kaffee eingeweichte Brotkrusten), die ich besonders gern

mochte, wenn ich etwas Butter dazu nehmen durfte. Aber heute sah ich ununterbrochen aus dem Fenster und freute mich, wie die Flocken vom Feld her durch den Garten getrieben wurden. Vom Grünkohl sahen nur noch die Spitzen aus der dicken weißen Decke, und der alte Bussard, der über Hermann Ellermanns Acker ruderte, kam kaum gegen den Wind an. Der Aschenpatt zu unserem Brunnen war längst nicht mehr zu erkennen.

Es war der Tag vor Silvester, und wir hatten lange auf Schnee gewartet, aber nun kam er doch ein bißchen reichlich. Den ganzen Morgen beschäftigte mich meine Mutter mit Schneeräumen. Der Eingang zu unserer Haustür mußte freigeschaufelt werden, und hinter dem Haus sollte ich einen Zugang zur Wäscheleine schaffen und zum Brunnen.

Kurz vor Mittag hörte es plötzlich auf zu schneien, und nach dem Essen kam sogar die Sonne durch. Aber sie wärmte kaum, ja, es wurde sogar richtig kalt. Gegen Abend knirschte der Schnee unter den Schritten, und der Rauch aus den Schornsteinen der Häuser stieg kerzengerade in die kalte Winterluft.

Am nächsten Morgen mußte ich meine Schuhe vom Schuster holen, und da ich bei ihm zu lange verweilte, weil ich so interessiert zugeschaut hatte, wie er die Holzpinne in die Schuhsohlen schlug, kam ich zu spät zum Rodeln. Alle Freunde waren schon damit beschäftigt, einige Schneeverwehungen einzuebnen, damit die Schlitten nicht stecken blieben.

Unsere alte Rodelbahn führte den Brink hinunter, bog dann um eine Kurve und verlief weiter den langen abschüssigen Weg entlang bis weit unten in Kasper Niedermeiers Wiesen. Das interessanteste Stück war die Kurve, sie wurde von uns regelrecht ausgebaut, und wir waren lange mit der Plattschüppe beschäftigt, ihre Außenseite zu überhöhen. Schnee dazu war ja genug gefallen, aber er mußte tüchtig festgetreten werden, damit er nicht nachgab, wenn wir uns mit ungebremster Fahrt in die Kurve legten. Um sie richtig glatt zu machen, halfen wir noch mit einem Eimer Wasser nach, den wir über unsere kleine künstliche Böschung gossen und der an diesem Silvestermorgen sofort gefror und die Kurve in eine Eisbahn verwandelte.

Die ersten Schlitten fuhren den Brink hinunter, langsam noch, aber je häufiger die Kufen darüber hinglitten, desto schneller wurde die Bahn. Nachmittags war der Untergrund schon stellenweise so fest, daß er vereiste, und die Schlitten klappernd über die harte Fläche dahinsausten.

Manche saßen aufrecht, andere legten sich mit dem Bauch auf den Schlitten, aber am meisten Spaß machte es, zwei dieser Sportgeräte hintereinander zu binden. Wir nannten das einen Bob. Der Steuermann saß auf dem zweiten Schlitten und lenkte mit Füßen und Händen den ersten. Die Fahrt wurde immer schneller, und mit solch einem Bob in die vereiste überhöhte Kurve zu sausen, war schon ein Erlebnis. Wenn nur das blöde Bergaufziehen nicht gewesen wäre. Bei drei hintereinander gebundenen Schlitten schlug der letzte in der Kurve regelmäßig um, und wir versuchten stets, ihn mit Jungen zu besetzen, die von weiter her auf unsere Rodelbahn gekommen waren, und die auch mal mitfahren durften.

Leider zog unsere wunderbare Bahn auch Gäste an, die wir hier nicht haben wollten, Schlittschuhläufer.Sie schnitten uns mit ihren Kufen den vereisten Untergrund kaputt, und wir freuten uns immer, wenn die "Hackenreißer", wie damals die Schlittschuhe genannt wurden, mal wieder einem von ihnen den Absatz unter dem Schuh weggerissen hatten und er mit seinen Schlittschuhen unter dem Arm humpelnd nach Hause zog.

Die Tage waren kurz in dieser Zeit zwischen den Jahren, und die müde Wintersonne stand schon weit im Westen. Die Weidepfähle stachen dunkel aus dem Schnee, und die blaß aufgehende Mondsichel über dem östlichen Horizont ließ eine kalte Nacht erwarten.

Auf der Rodelbahn aber gab es noch einen Spaß. Da hatte

sich doch tatsächlich ein Tempo-Dreirad-Auto auf den glatten Weg verirrt. Ach, der Unglückliche, er rutschte, und wir sollten mit schieben. Aber wir hoben den Wagen hinten an, so daß die Räder durchdrehten, und nun kam er erst recht nicht voran. "Wat sen ji vo Uarken" (Taugenichtse), sagte Tommy, der gerade vorbeikam. Aber wir haben dem unglücklichen Fahrer dann doch noch geholfen.

Die Mondsichel stieg höher, und es wurde unangenehm kalt. Einer nach dem anderen nahm seinen Schlitten und zog nach Hause.

Silvesterabend in der Küche. Der Kartoffelsalat mußte noch gewürzt werden, damit er nicht zu leipe (fade) schmeckte, und nun saß Tommy da und ging nicht nach Hause. Er erzählte oft von seiner englischen Kriegsgefangenschaft 1918, und deshalb hatte er den Spitznamen bekommen. Heute aber wollte er seinen Silvesterschnaps "veredelt" haben.

Damit hatte es folgende Bewandtnis: Wir hatten von irgendwoher eine Flasche Pfefferminzessenz bekommen, und das hatte sich rundgesprochen. So kamen die Leute mit ihren Schnapsflaschen. Mein Vater durfte ein Pinnken aus jeder Flasche trinken und goß dafür die gleiche Menge der Essenz hinein. Das Trinken zu Beginn der Prozedur war erforderlich, da die grüne Flüssigkeit ja sonst keinen Platz in der Flasche gehabt hätte. Das sah jeder ein, der zu uns kam, um seinen Schnaps veredeln zu lassen.

Die Uhr schlug alt.

Ich war müde von dem langen Tag auf der Rodelbahn, und als das neue Jahr begann, schlief ich fest.

Ein eiskalter Neujahrsmorgen. Ich wollte ein Futterhäuschen für die Vögel aufstellen und hörte, wie sich Nachbarn ein "Prost Neujahr" zuriefen. Jeder war stolz, es dem anderen "abgewonnen" zu haben, das war so eine Art Wettkampf.

An diesem ersten Tag des Jahres aber, so war es gestern auf der Rodelbahn verabredet, wollten wir uns nachmittags vor dem Kino in der Stadt treffen.

166

Im Kino

Reichswasserleiche" wurde sie von Spöttern genannt, weil es des öfteren vorgekommen war, daß sie am Ende des Films aus Liebeskummer ins Wasser ging. Dort, wo sie versunken war, schaukelte dann eine Rose auf den Wellen und verbreitete Traurigkeit im Kino. Christina Söderboom, für uns war sie nur eine Frau, anders als die, die wir kannten, und aus einer Welt kommend, in der wir nicht zu Hause waren.

Die Melancholie aber, die wir damals wohl noch nicht so recht nachempfinden konnten, reizte uns zum Widerspruch. So hatten wir uns einmal ausgedacht, an den Stellen des Filmes, an denen Frauen verstohlen nach ihrem Taschentuch suchten, lauthals zu lachen. Schon unser Einzug in das Dämmerdunkel der Traumwelt erregte den Zorn des Filmvorführers. Dann wurde dem Nebenmann beim Hinsetzen der Klappsitz festgehalten, so daß der polternd auf dem Fußboden landete, und sich in den Sitzreihen bei den Erwachsenen verhaltene Empörung verbreitete.

Derart eingestimmt, entlud sich der Zorn der Zuschauer in lautes Schimpfen, als wir das erste Mal an der unpassendsten Stelle lachten, und Siegfried, der Filmvorführer, mußte die Traurigkeit unterbrechen, brüllte mit lauter Stimme durch das monotone Surren des Vorführgerätes: "Einmal noch, dann fliegt ihr raus!" Das Ultimatum, das in der Drohung mitklang, mußten wir wohl überhört haben, jedenfalls setzten wir das interessante Spiel fort, bis uns nach einem besonders lauten Lacher jemand im Dunkel von hinten in den Kragen griff und uns mit steifem Handgelenk vor die Tür setzte. Der Film wurde für solche Gewaltmaßnahmen nicht unterbrochen. Eine Rückerstattung des Eintrittsgeldes war auch nicht vorgesehen.

Dabei hatte alles in unseren frühen Jahren mit Schneeweißchen und Rosenrot so märchenhaft begonnen an einem

167

verzauberten vorweihnachtlichen Nachmittag. Und ein brummender Bär war da, der sich in einen erlösten Prinzen verwandelte, damals, und wir saßen mit vor Erregung glühenden Gesichtern im Kinodunkel, und schliefen unruhig in der Nacht.

Aber nun war Zarah Leander da und sang, wie sie im Regen stand und dabei immer auf den Zeiger der Kirchturmuhr schaute, oder davon, daß die Liebe wie ein Wunder über Nacht kam. Einmal weinte sie an der breiten Brust von Heinrich George.

"Kann denn Liebe Sünde sein? -
Dann muß die Frau aus Bünde sein!" sangen wir großmaulig und respektlos.

Aber eigentlich waren diese Frauen damals nur Randfiguren des Geschehens. Lieber trieben wir uns mit Harry Piel und Hans Albers in den Häfen der Welt herum, die für uns auf einmal unverständlich groß wurde, folgten dem jungen René Deltgen den Amazonas hinauf oder zogen mit Feldwebel Treskow und dem "Großen König" in den Siebenjährigen Krieg.

"Universum" hieß das Kino am Rande der kleinen Stadt, und kein Name wäre geeigneter gewesen, den Zauber auszudrücken, der von ihm ausging. Uns Jungen vom Lande öffnete es die Tore zur großen weiten Welt. Leider konnten wir nur selten die paar Groschen für den Eintritt auftreiben. Drei Preisklassen waren im Angebot. 30 Pfennig kostete es auf dem "Rasiersitz", aber da saß man so weit vorn, daß man den Hals recken mußte, um zur Leinwand aufzuschauen. Wenn das Genick nicht wehtun sollte, mußte man schon 40 Pfennig anlegen für einen der rückwärtigeren Sitze. Auf dem Balkon kostete es sogar 50, aber der war nur den Kapitalisten vorbehalten. Die saßen dafür dann in der schlechteren Luft. Oh Lob der Armut.

Meist standen wir nur vor dem Kino mit seiner imposanten Fassade. Ein pausbäckiger Engel schwebte über vier

168

Säulen, an deren Fuß sommertags Löwenzahn und Wegerich wuchsen. Aber zwischen den Säulen hingen zwei große Schaukästen mit den Voranzeigen, Fotos und erregenden Plakaten. Frierend und mit Händen in den Taschen führte uns die Fantasie in die tropischen Urwälder. Auf dem Basaltpflaster vor dem Kino zankten sich die Haubenlerchen um die Pferdeäpfel.

Sonntags aber herrschte oft großer Andrang. Die Leute standen in einer langen Schlange, drängten und schubsten. Dann fürchtete Siegfried um das Eisengitter, mit dem er den Eingang abgesperrt hatte und das sich unter den Massen nun bedenklich bog. Aber der Filmvorführer wußte sich zu helfen. Wozu hatte er seine Wasserspritze? Vom Fenster des Vorführraumes aus hielt er sie in die Menge, die unter dem Wasserstrahl kreischend und schimpfend zurückwich. Das konnte er sich leisten, er, der Herr über die 35 mm - Filmkanone. Niemand erhob die Faust gegen ihn, wer hätte denn sonst den Film zeigen sollen? Ja, er besaß Macht durch seine herausragende Stellung. Er konnte auch den Film unterbrechen, Licht anschalten und Unruhestifter zur Ordnung rufen. Wenn diese meinten, er habe ihnen nichts zu sagen, ließ er einfach den Film nicht weiterlaufen. Dann sorgten die übrigen Zuschauer schon dafür, daß der Unfug aufhörte. Ja, Siegfried wußte, wie man mit Leuten umging.

Manchmal aber wurde der Film durch den Polizisten unterbrochen. Licht ging an. Der Gendarm stand im Gang und rief: "Wer hat ein Portemonnaie verloren?" um nach kurzer Pause hinzuzufügen: "Es meldet sich aber nur jemand, der wirklich Geld verloren hat und nicht, wer Geld gebrauchen kann." Ja, er vertraute der Ehrlichkeit seiner Pappenheimer.

So war das kleine Kino eine eigene Welt. Jedesmal, wenn der Film zu Ende war, entließ uns die Dunkelheit als Helden, und auf dem Nachhauseweg wanderten wir unter den Sternen einer anderen Welt. Vor dem Kino auch das erste Rendezvous, später. Das Dunkel half, die Schüchternheit zu verbergen, und niemand bemerkte das Erröten. Duft und Nähe, und wir lachten nicht mehr über die Rose auf dem Wasser.

Das größte Geheimnis des Kinos war ein technisches, es hat unsere Gedanken mehr beschäftigt als alle anderen Rätsel der damaligen Zeit. Wie war es möglich, das Licht im Kino langsam erlöschen zu lassen? Es war erregend, zu erleben, wie es allmählich immer dunkler wurde und die Spannung langsam wuchs. Richtig genießen aber konnte ich es nicht, denn all mein Grübeln vermochte das Geheimnis nicht zu lösen. Wenn mir niemand zusah, versuchte ich zu Hause, den Lichtschalter ganz langsam herumzudrehen. Aber entweder brannte das Licht, oder es war aus, eine Zwischenstufe gab es nicht.

Als ich später den elektrischen Schiebewiderstand kennenlernte, waren Herz und Gedanken längst mit anderen Dingen beschäftigt, und das kleine Kino am Rande der Stadt hatte an Bedeutung verloren. Damals aber verbarg sich hinter seiner Fassade der Traum unserer kleinen Welt.

Inhalt